印象管理策略对政府信任
与社会凝聚力的影响研究

樊 娟 著

The Impact of Impression Management Strategies on
Local Government Trust and Social Cohesion

上海交通大学出版社
SHANGHAI JIAO TONG UNIVERSITY PRESS

内容提要

本书以非传统安全威胁为背景,构建了印象管理策略、地方政府信任以及社会凝聚力之间的理论模型。现阶段,非传统安全威胁给国家安全维护提出了挑战,同时随着社会发展,对新时期的政府行为提出新的要求。政府如何向公众传递信息、建构印象关系着政府的公信力与群体的社会凝聚力。因此,本书基于已有的关于印象管理、政府信任和社会凝聚力相关研究,借助二手数据库、实验研究、问卷调研方式展开三项子研究,最终在非传统安全研究领域建构了"管理策略—主观认知—行为反应"的理论模型,探索了政府印象管理和地方政府信任的作用机制;构建了政府印象管理行为、政府信任和社会凝聚力的完整框架;拓展非传统安全研究领域的同时也进一步丰富了非传统安全的理论研究。

图书在版编目(CIP)数据

印象管理策略对政府信任与社会凝聚力的影响研究 /
樊娟著. —上海:上海交通大学出版社,2022.9
ISBN 978-7-313-27614-8

Ⅰ.①印… Ⅱ.①樊… Ⅲ.①国家行政机关—行政管
理—研究—中国 Ⅳ.①D630

中国版本图书馆 CIP 数据核字(2022)第 190373 号

印象管理策略对政府信任与社会凝聚力的影响研究
YINXIANG GUANLI CELÜE DUI ZHENGFU XINREN YU SHEHUI NINGJULI
DE YINGXIANG YANJIU

著　　者:樊　娟
出版发行:上海交通大学出版社　　　　地　　址:上海市番禺路 951 号
邮政编码:200030　　　　　　　　　　电　　话:021-64071208
印　　刷:上海万卷印刷股份有限公司　经　　销:全国新华书店
开　　本:710mm×1000mm　1/16　　印　　张:8.75
字　　数:127 千字
版　　次:2022 年 9 月第 1 版　　　　　印　　次:2022 年 9 月第 1 次印刷
书　　号:ISBN 978-7-313-27614-8
定　　价:59.00 元

前　言

人类对非传统安全威胁的重视源于对"非军事问题"的关注。20世纪中叶起,包括环境恶化、人口失衡、贫困严重、资源匮乏等全球问题日益严峻。进入21世纪后,更大范围内的恐怖主义问题、气候问题、能源危机、粮食危机、金融危机、信息安全问题等成为安全研究的重要议题。非传统安全威胁的不断涌现给当代国家安全的维护提出了严峻挑战,其中社会安全的重要性显得尤为突出。社会安全治理既是社会治理的重要领域,也是国家安全体系的重要组成部分。尤其是,随着国家经济的高速发展、生活水平显著提升,我国社会的主要矛盾已经转化为"人民日益增长的美好生活需要和不平衡不充分的发展之间的矛盾",一些不安全事件的发生不断消磨着民众对地方政府的信任度和社会凝聚力水平。

本书基于印象管理理论、政府信任和社会凝聚力相关研究,分析地方政府信任和社会凝聚力的影响因素,探讨印象管理策略对地方政府信任和社会凝聚力的作用机制,并构建印象管理策略、地方政府信任以及社会凝聚力之间的理论模型。在非传统安全研究领域建构了"管理策略—主观认知—行为反应"的理论模型。主要研究结论如下:

首先,当前中国公民对政府的信任呈现"央强地弱"的差序格局状态,公民普遍信任中央政府,对地方政府的信任度较低,而社会凝聚力呈现一个非稳定状态。因此,厘清影响公民地方政府信任和社会凝聚力的影响因素显得至关重要。对此,研究进一步对公民进行访谈,以理论研究与现实素材为基本,并结合理论分析和扎根理论编码,提出了影响地方政府信任的三大因素——政府绩效因素、政府信息沟通因素和个体因素,社会凝聚力的两大影响因素——政府行为和社会心态,并进一步构建了公民地方政府信任和社会凝聚力的影响因素模型。

　　其次,研究基于60组实验研究数据检验了政府的印象管理策略对公众的地方政府信任和社会凝聚力的作用。数据分析表明,上述两种策略均对公民的地方政府信任和社会凝聚力具有显著的正向影响,而提升性与保护性印象管理策略对地方政府信任和社会凝聚力的影响不存在显著差异。

　　最后,研究基于336份调研问卷,检验了地方政府印象管理与公民政府信任、社会凝聚力之间的整体模型。数据分析结果显示,提升性印象管理策略和保护性印象管理策略均正向影响忠诚度,忠诚度正向影响地方政府信任以及社会凝聚力水平,公民的地方政府信任水平正向影响社会凝聚力。数据结果表明,忠诚度在印象管理策略和政府信任及社会凝聚力之间起到中介作用。

目　录

第1章 绪 论

1.1 研究背景

人类对非传统安全威胁的重视源于对"非军事问题"的关注。20 世纪中叶起,包括环境恶化、人口失衡、贫困严重、资源匮乏等全球问题日益严峻。进入 21 世纪后,更大范围内的恐怖主义问题、气候问题、能源危机、粮食危机、金融危机、信息安全问题等成为安全研究的重要议题。非传统安全威胁的不断涌现给当代国家安全的维护提出了严峻挑战,其中社会安全的重要性显得尤为突出。社会安全治理既是社会治理的重要领域,也是国家安全体系的重要组成部分。尤其是,随着国家经济的高速发展、生活水平显著提升,我国社会的主要矛盾已经转化为"人民日益增长的美好生活需要和不平衡不充分的发展之间的矛盾",群体性事件的发生不断消磨着民众的地方政府信任度和社会凝聚力水平。

例如,2015 年四川邛崃市政府斥资 900 万元,旨在改造老旧院落、下水道化粪池,实现房屋墙面、公共地面整修,完善公共绿地停车场规划建设等。但整改过程中,由于政府缺乏有效的引导与沟通,引发公众的误解,反而出现了 20 余件因院落改造引起的群众上访和投诉事件。① 2013 年,中国核工业集团公司在广东投资近 400 亿元的核燃料加工厂项目。该项目不涉及裂变反应,仅是对核燃料的物理处理,这一项目的引入对当地的经济发展具有强有力的推动作用。但由于公众相关知识的缺乏以及政府部门的"沟通不足"使得民众对核辐射、核污染等方面的担忧与质疑层出不穷,项目迟迟不

---

① http://www.huaxia.com/jxtf/sy/xwsc/2016/11/5087494.html.

能落地。①

应该看到,随着社会的不断发展,经济全球化趋势的加快,信息化浪潮的出现,这一切对新时期的政府如何行为提出了新的要求。而由于信息不对称以及缺乏政府正确引导而导致的民众对政府的误解已屡见不鲜,这种误解正严重地侵蚀地方政府信任和社会的整体凝聚力水平。如何提升地方政府信任和社会凝聚力水平进而维护社会安全成为新时期研究者和实践者关注且迫切需要解决的问题,这也是当前非传统安全领域关键、核心的研究问题之一。目前,从非传统安全领域研究来看,已有研究大多从宏观制度的角度分析如何维护社会安全,却忽视了社会安全的微观基础,这是该领域需要进一步分析的主题。

地方政府如何向公众传递信息,如何建构印象都会影响到公众对其的感知,关系着政府的公信力与群体的社会凝聚力(亢海玲,2014)。政府的印象管理行为是一种积极应对媒体和公众的非市场性策略(杨洁、郭立宏,2017),该行为有助于维持和提升政府部门在社会公众心目中的形象。随着网络媒体的不断发展,政府印象管理策略逐渐普遍(孟庆国、邓喆、杭承政、刘源浩,2016;潘村秋,2018),越来越多的政府部门借助新媒体平台,建立政务微博,如"平安北京"是北京市公安局发布信息、实现警民沟通的渠道;2011年3月,针对市民因担心日本核辐射而引起的抢购食盐情况,"成都发布"及时发布了新闻,澄清谣言;当工作出现问题时,政府部门会及时道歉,如2018年3月6日上午,嵊泗官方微信公众号"嵊泗发布",向全县人民发出了一封公开致歉信。信中针对群众普遍反映的春节期间县城区没有进行氛围布置,缺少节日氛围的情况,向全县广大群众致歉。

基于上述理论和现实状况,本研究主要关注于"政府印象管理对地方政府信任和社会凝聚力的影响"这一问题,并细分为以下三个子问题:地方政府信任和社会凝聚力的影响因素是什么?印象管理行为与地方政府信任和社会凝聚力之间的关系如何?政府的印象管理行为如何影响地方政府信任和社会凝聚力?本书试图在非传统安全研究领域进行有益的探索,并为现实问题的解决提供理论指导。

---

① http://news.eastday.com/c/20130711/u1a7514659.html.

1.2　研究意义

1.2.1　现实意义

提升公民的地方政府信任和社会凝聚力对维护社会安全意义重大。从现实意义看,政府信任作为政府执政的心理基础,反映出政府在多大程度上得到了公民的认可,是政府执政的合法性的体现。此外,政府信任影响着政府公共政策制定和执行的社会成本,因而政府信任的重要性日益显著。作为维系国家统一和社会团结的纽带,社会凝聚力也是社会和谐程度的重要指标之一。当公众的社会凝聚力越强,彼此之间的使命感和团结合作精神越强,该社会的和谐程度越高。可见,政府信任和社会凝聚力对社会安全具有重要意义。

1.2.2　理论意义

本研究主要关注"政府印象管理对地方政府信任和社会凝聚力的影响"这一问题,并细分为以下三个子问题:地方政府信任和社会凝聚力的影响因素是什么?印象管理行为与地方政府信任和社会凝聚力之间的关系如何?政府的印象管理行为如何影响地方政府信任和社会凝聚力?本研究试图在非传统安全研究领域进行有益的探索,并为现实问题的解决提供理论指导。在非传统安全研究领域建构了"管理策略—主观认知—行为反应"的理论模型,拓展了非传统安全领域的研究,延伸了非传统安全的理论运用,具有一定的理论和实践探索意义。

1.3　研究设计

1.3.1　研究目标

本研究整合印象管理理论、政府信任研究、社会凝聚力等相关研究,综合运用二手数据分析法、扎根理论、行为学实验研究法和问卷分析法,探讨公民政府信任和社会凝聚力的提升机制。

1.3.2　研究内容

根据提出的研究问题,本研究将通过三个子研究来逐一回答,具体安排如下：

（1）子研究一：地方政府信任与社会凝聚力的影响因素识别。本研究在总结现有成果的基础上，通过对文献的分析及现实问题的观察，依据二手数据分析了当前地方政府信任与社会凝聚力的现状，并运用扎根理论法，分析地方政府信任与社会凝聚力的影响因素。

（2）子研究二：政府印象管理策略对地方政府信任和凝聚力的影响——一项行为学实验研究。根据本书的理论框架，研究将印象管理策略分为保护性印象管理策略和提升性印象管理策略。实验研究使用不同的被试分组来操纵不同类型的印象管理策略，并探讨不同印象管理策略对地方政府信任和社会凝聚力的影响。

（3）子研究三：政府印象管理行为对地方政府信任、社会凝聚力的作用机理分析。以大样本实证的方法检验印象管理、地方政府信任和社会凝聚力之间的关系，构建印象管理、地方政府信任与社会凝聚力的理论模型。

1.3.3　研究方法

本研究采取文献研究法、大样本统计分析法、半结构化访谈法、行为学实验研究法等研究手段，实现定量研究和定性研究不同研究方法之间的优势互补，以增强研究设计的稳健性以及研究结论的可重复性与可信度。

（1）文献研究法。文献研究法是指依据研究目标，通过对国内外优秀期刊论文、出版图书和历史资料的收集、阅读与分析，对"印象管理研究""政府信任研究""忠诚度""社会凝聚力"等方面的研究成果进行了梳理，着重关注现有研究的缺口，为后续数据分析与实验研究提供坚实的理论基础和依据。

（2）大样本统计分析法。本研究运用SPSS20.0统计软件，对大样本数据进行统计分析。该软件被广泛应用于自然科学、技术科学、社会科学的各个领域，学者们就该软件可实现自动统计绘图、数据的深入分析、使用方便、功能齐全等方面给予了高度的评价。在子研究一中，研究运用大样本数据对我国当前政府信任和社会凝聚力的基本现状进行描述性统计分析。

（3）半结构化访谈法。本研究通过面对面、一对一的半结构化访谈，获取公民个体的地方政府信任水平、社会凝聚力和影响因素等素材，为地方政府信任和社会凝聚力的影响因素内涵界定提供依据，为调查问卷的量表设计提供思路,并为后续的机制研究提供一定的证据支持。

（4）行为学实验研究法。行为学实验法能对实验过程和因素进行有效控制,尽量排除其他因素的干扰,凸显研究的变量的因果关系。子研究二采用行为学实验法,探讨不同印象管理策略对地方政府信任和社会凝聚力是否存在差异化影响。

（5）问卷研究法。在子研究三中,本书运用问卷法,获取了公民地方政府信任和社会凝聚力信息的一手数据,为建构政府的印象管理行为、地方政府信任和社会凝聚力的整体模型奠定了基础。

（6）结构方程法。结构方程模型是社会科学中一个极为重要的分析方法,是基于变量的协方差矩阵来分析变量之间关系的一种统计方法,是多元数据分析的重要工具。结构方法主要有以下优点:可存在多个因变量;允许自变量和因变量含测量存在误差;可同时估计因子结构及其关系;允许更大弹性的测量模型;可估计整个模型的拟合程度(范柏乃,2008)。由于本研究存在多个因变量,且需要检验中介效应,且其余变量与变量间的关系复杂,单凭传统的统计方法无法有效地检验本研究的相关假设。因此,有必要借助结构方程模型开展模型拟合与路径分析。在子研究三中,研究借助结构方程法,对获取的问卷数据进行分析。

1.3.4 研究技术路线

本研究的技术路线如图 1－1 所示。

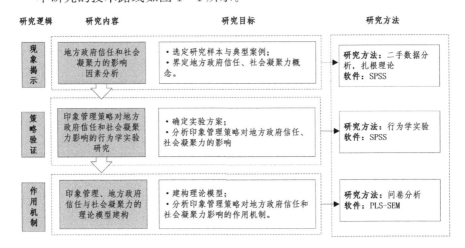

图 1－1 研究技术路线图

1.4 关键概念的界定

1.4.1 印象管理

近二十年来,印象管理从用于解释个体行为逐渐被应用于组织研究,并发展为一个核心概念。因而,当前有关印象管理的研究主要分为两类研究,分别为个体的印象管理研究和组织的印象管理研究。本研究主要对组织印象管理进行综述。组织印象管理行为是指组织有目的地设计并采取一些行动以影响组织利益相关者对组织的感知(Tetlock & Manstead,1985;Elsbach,1994;Elsbach & Kramer,1996;Elsbach, Sutton & Principe,1998;Hooghiemstra,2000)。Mohamed et al.(1999)运用 2×2 矩阵法,将组织的印象管理策略划分为直接印象管理策略(Direct Impression Management)和间接印象管理策略(Indirect Impression Management),或者划分为提升性印象管理策略(Assertive Impression Management)和保护性印象管理策略(Defensive Impression Management)。本书着眼于后一种分类,其中提升性印象管理策略界定为组织为提升自身形象所做的一系列行为(Jones and Pittman,1982;Mohamed et al.,1999),包括迎合讨好、自我宣传等(杨伟,2013)。保护性印象管理策略是指组织做出的一系列行为是保护组织不受负面事件的影响,并保持良好的声誉,包括恢复名誉、合理化、借口与辩解、事先声明、自我设障、道歉等(杨伟,2013)。

表 1-1 印象管理策略的分类

分类原则	类别 I	类别 w
作用对象	直接印象管理	间接印象管理
管理目的	提升性印象管理策略	保护性印象管理策略

资料来源:本研究整理和 Mohamed et al.(1999)

1.4.2 政治忠诚度

《现代汉语词典》中定义的忠诚是指对个人、理想、习俗、事业、国家、政府等的忠实状态。《牛津词典》对忠诚的界定是指对效忠坚定不移,献身于个体所在的国家的合法统治者或者政府。可见,忠诚度是人类普遍共通的价值取向,存在于社会的方方面面,包括家庭、企业、社会、政党与国家(于铁山,2019)。公民的忠诚度直接关系到国家的兴衰与安全(徐萌,2017)。本书将政治忠诚界定为一种政治美德,是基于某种政治关系或者信仰而言,意味着个体对政治事业、信念、理想、原则等的认同与奉献(左高山,2010)。

1.4.3 地方政府信任

"政府信任"问题贯穿着人类政治发展的整个历程。在对地方政府信任有清晰界定之前,研究首先对"信任"这一概念加以阐述。从 20 世纪 60 年代起,经济学、管理学、社会学等多个学科领域都开始关注"信任",并开展了大量研究(杨中芳、彭泗清,1999;蔡翔,2006)。尤斯拉纳(2006)曾提出,个体信任是一种稳定的心理状态和思维理念,也是个体对互动另一方意图或行为的积极期待。组织信任研究兴起于 20 世纪 80 年代,强调对组织责任和能力的信任(Butler,1991)。个体对组织的信任是组织信任研究中非常重要的一部分,该部分研究主要分析个体对组织的信任程度,可以表述为个体对组织会做出有利于自己行为的信心(Gambetta,1988)。第二类研究是组织间的信任,即信任方和被信任方都是组织,这类研究大多集中在社会网络研究,如战略联盟研究等。第三类研究关注于组织中个体之间的信任。本研究着眼于个体对组织的信任,主要探讨的是个体对地方政府的信任程度。基于已有文献,以信任对象为依据,本研究对组织情境中的信任进行了分类,如图 1-2 所示。

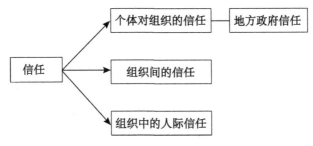

图 1-2 组织情景中信任的研究框架图

地方政府信任可以界定为一种政治心理认知和预期,暗含了公民对地方政府绩效输出的评估和对未来政府积极作为的信心(Easton,1975)。显著的"央强地弱"的差序政府信任格局,是本研究关注地方政府信任的主要原因。目前,地方政府信任的研究表明,"差序政府信任"并非偶发现象,而是一个持续存在的事实(吕书鹏,2015)。这一现象在农民群体中尤为显著(李连江,2012)。这一现象对地方政府政策执行和社会治理带来了巨大挑战,因而如何提升地方政府信任具有重要的现实意义(吴结兵、李勇、张玉婷,2016)。值得注意的是,政府信任等相关概念常常出现混用的情况,如政治信任,政府满意度等。出于研究视角的差异,当前研究并未对上述两个概念达成一致意见(朱蕾蕊,2018)。相对来说,政治信任的外延更广,包括弥散性信任和特定机构信任,其中弥散性信任包括对政体①的信任。而政府信任强调公民对政府机构和官员的信任,可见政治信任与政府信任是包含与被包含的关系。

1.4.4　社会凝聚力

当代的社会凝聚力正面临来自从地方到全球,不同层次上的多种方式的挑战。当前对社会凝聚力的研究大多集中在社会学领域。OECD(2011)在社会凝聚力的表述上,给予了一个比较宽泛的定义:"如果一个社会致力于其所有成员的福祉,反对排斥和边缘化,造成归属感,促进信任,并且为其成员提供上升的社会流动机会,那么这个社会便是'有凝聚力的。'"(乔治·恩德勒、陆晓禾、杜晨,2018)可见,社会凝聚力包括以下三个要素。

第一,社会包容性,由社会排斥现象如贫困、不平等和社会两极分化等来衡量。第二,社会资本,由人际和社会的信任程度来衡量。第三,社会流动性,由个体向上流动的难易程度来衡量。这一界定虽然较为全面,但是仍缺乏精确性和一致性(乔治·恩德勒、陆晓禾、杜晨,2018)。当前,较为权威和细致的定义来自迪克·斯坦利(2013)(Dick Stanley),他认为"社会凝聚力"是"一个社会的成员为实现生存和繁荣而彼此合作的意愿"。其中,合作的意愿即他们自由结成合作伙伴关系,并有合理的机会来实现目标。这一

---

① 政体,即拥有国家主权的统治阶级实现其意志的宏观架构,即统治阶级采取什么形式组织自己的政权(即国家政权的组织形式)。

界定同样包含三个部分：第一，社会凝聚力可以视作个体合作意愿的总和；第二，社会凝聚力与社会秩序不同，与共同价值观或诠释共同体不同；第三，社会凝聚力与平等、宽容、尊重多样性等社会价值观之间，也有着密切关系，这些价值观对社会凝聚力的产生有显著的增强作用。本研究依从迪克·斯坦利(2013)对社会凝聚力的界定，将社会凝聚力界定为是"一个社会的成员之间依赖、合作以及团结的程度(Jenson，1998)"。

1.5　研究创新点与难点

本研究的主要创新点有以下三个方面。

本书探索了政府印象管理和地方政府信任的作用机制。本书将政府印象管理行为、政治忠诚度和地方政府信任联系起来，探究了政治忠诚度的中介作用。当前，政府印象管理行为和政府信任的关联性的研究得到了一定的关注，但是这些研究呈现较为明显的碎片化特征，主要探讨政府的某一印象管理行为，缺乏对地方政府信任影响机制的系统研究。因此，本研究通过对这两者的关联性假设进行精细化的研究设计，以期通过印象管理策略解释地方政府信任系统，从政治心理角度解读地方政府信任度提升。

本书构建了政府印象管理行为、政府信任和社会凝聚力的完整框架。本研究结果表明：地方政府的提升印象管理行为和保护性印象管理行为均正向影响了地方政府信任，且两种印象管理行为对地方政府信任的影响不存在显著差异，而地方政府信任正向影响公民的社会凝聚力。由此，本书依从"管理策略—主观认知—行为反应"的研究逻辑，本书将政府印象管理行为、地方政府信任和公民的社会凝聚力联系起来，构建了一个政府印象管理行为影响政府信任和公民社会凝聚力之间的"长链条"关系，从而完整揭示了地方政府信任的"前因后果"。

本书采用混合研究法，研究结果相互印证、补充，有效地提高了研究结果的可重复性与稳定性。通过二手数据分析、扎根理论编码、行为学实验和问卷研究四种研究方法，探究了"政府印象管理行为如何影响地方政府信任与社会凝聚力"这一问题，发挥交叉学科研究方法的独特优势，从不同角度论证了本书的研究问题(Battilana & Lee,2014),系统地论证了政府印象管理行为对地方政府信任和社会凝聚力的作用机制,从而使研究结论稳健可靠。

本研究的难点如下:

(1)如何准确获取地方政府信任和社会凝聚力的影响因素? 通过文献研究,提出社会安全微观基础的维度:政府信任和社会凝聚力,基于二手数据库,呈现中国政府信任和社会凝聚力的现状,并运用扎根理论对可能存在的影响因素进行分析。

(2)如何测量印象管理策略在群体行为反应过程中的有效性? 本研究拟采用行为学实验法,通过模拟政府的印象管理行为,运用实验分析政府印象管理与公民政府信任和社会凝聚力之间的因果关系。

(3)如何解释印象管理策略为什么可以有效提升政府信任和社会凝聚力? 本研究拟采用问卷调研法,运用结构方程,揭示印象管理策略对公民地方政府信任和社会凝聚力的具体作用机理。

1.6　章节安排

本书中,各个章节安排的具体内容如下。

第1章为绪论。通过介绍论文的研究背景、明确研究意义,从而提出研究框架,确定研究方法和技术路线,为后续研究的开展奠定基础。

第2章为文献综述。主要通过回顾国内外相关研究进行述评,明确研究视角和研究重点。论文将对政府信任和社会安全、印象管理研究、社会凝聚力研究以及忠诚度研究进行综述,对目前的现有研究进行评述,以期找到不足。基于文献综述,提出研究问题,在此基础上明确未来的研究方向。

第3章基于现实和理论研究,提出整体分析框架。

第4章基于社会安全微观基础的维度,通过二手数据库,呈现中国地方政府信任和社会凝聚力的现状,并运用扎根理论对可能存在影响因素进行分析。

第5章将沿着研究脉络纵深推进,运用行为学实验法,重点分析政府的印象管理策略与公民社会凝聚力和地方政府信任之间的因果关系。

第 6 章将运用问卷数据探讨印象管理策略对社会凝聚力和政府信任的具体作用机制。

第 7 章总结全书主要研究结论并提出相应的政策建议。本章将在分析与讨论访谈及统计分析结果的基础上，进一步提出研究的政策建议，为提升公民对地方政府的信任度、强化社会凝聚力，进而提升国家整体治理绩效提供应对思路。最后研究针对存在的不足，对未来的研究提出展望。

1.7　研究实施

研究的具体时间安排如表 1-2 所示。本研究于 2018 年 4—6 月完成文献收集工作，并完成文献综述，确定理论问题；于 6—10 月确定研究框架，完成实验数据和问卷数据的采集工作；于 10—12 月完成数据分析工作，在此基础上查漏补缺，完成必要的补充调研；计划于 2019 年 12 月完成本书初稿，于 2020 年 3 月完成本书修改及定稿工作。

表 1-2　研究具体时间安排

研究内容＼时间	2018 年				2019 年	2020 年
	4—6 月	6—8 月	8—10 月	10—12 月	1—12 月	1—3 月
文献收集与检索论文	■					
研究框架确定		■	■			
实地调研、数据收集		■	■			
核心理论问题研究				■		
数据分析				■		
进行必要的补充调查					■	
完成论文初稿					■	
修改论文，调整格式						■
打印、定稿						■

第 2 章　文献综述

对研究问题相关文献进行综述是开展新研究的基础(Lepine & Wilcox，2013)。本章将就相关研究领域进行综述。第一，本研究将回顾非传统安全理论，系统阐述上述理论研究的脉络，为后续研究奠定基础；第二，本章回顾了政府信任研究的经典文献和前沿文献，侧重于探讨政府信任的研究脉络；第三，对印象管理的相关研究进行综述，着重对印象管理策略的分析；第四，对社会凝聚力研究进行综述；第五，对政治忠诚度的相关研究进行综述。最后，根据上述文献综述，围绕本研究的问题，对文献进行总述评。

2.1　非传统安全相关研究

2.1.1　非传统安全研究兴起

自冷战以来，随着新威胁的凸显，学界和实务界就是否应该重新定义传统安全展开了激烈的讨论(张田田，2017)。在全球化背景下，"共同威胁"与"共患意识"的思潮引起全社会对非传统安全的普遍关注(余潇枫，2014)。进入 21 世纪以后，非传统安全逐渐成为一门"显学"(廖丹子，2016)。

西方非传统安全的研究起步早，自"二战"结束伊始，一些国际组织和民间机构就开始关注"非军事"问题。20 世纪 60 至 70 年代，欧美学界开始对传统现实主义安全观进行反思和批判；70 至 80 年代欧洲和平研究学派拓展了传统安全研究领域。Richard H.Ullman(1983)提出，国家安全和国际安全应包含资源、环境和人口等非军事的全球问题。

欧洲学者比较关注欧债危机、恐怖主义、温室效应、非法移民、人权、毒品走私、环境保护以及集体安全维护等。哥本哈根学派重要代表 Barry

Buzan 与 Lene Hansen(2011)对"谁的安全""什么威胁安全""谁保障安全""怎样保障安全"四类问题进行了深入探讨,阐述了非传统安全研究的七大流派:建构主义、后殖民主义、人的安全、女性主义、批判主义安全、哥本哈根学派、后结构主义。S.Neil MacFarlane 与 Yuen Foong Khong(2011)勾勒了人的安全的总体演进逻辑,认为恐怖袭击、种族灭绝(政策)、内战、国际战争、有组织的大规模强奸、严刑拷问以及埋设地雷等都可以列入对"人的安全"威胁的清单。

美国学者比较关心恐怖主义、网络安全、金融安全、流行疾病与移民问题等。Mark W. Zacher 和 Tania J. Keefe(2008)认为,恐怖分子可能使用致病的生物战剂实施恐怖袭击,疾病的全球传播会削弱一个国家的基础设施,并引发政治动荡和骚乱。

亚洲非传统安全研究起步于 20 世纪 90 年代,主要关注生态恶化、人口膨胀、恐怖主义、经济安全、非法移民、金融危机和海盗等。其中,日本关注"共同安全",新加坡关注"综合安全"。Mely Callabero-Anthony、Ralf Emmers、Amitav Acharya(2010)等从不同的安全领域探讨了非传统安全威胁的安全化困境、安全化理论的效度,并对如何超越现有安全化理论进行了探讨。

2.1.2 中国非传统安全研究

相对于西方国家在"非传统安全"研究领域起步早的特点,这一概念直到 1994 年才被引入中国。总体来看,中国的非传统安全研究发展经历了从被动反应到自觉建构的发展过程,大致可以分为以下四个阶段。

第一,萌芽阶段(1978 年—1990 年代初)。"二战"后至 20 世纪 90 年代,大规模的武力战争日渐式微,环境问题、贫穷问题、自然灾害问题等"非战争性""非军事性"问题愈加显露。国际社会开始更加关注"非军事"领域的安全,而我国的时代观也逐渐从"战争与和平"发展为"和平与发展"。由此相对应的,在学术界,固有的以"战争"为核心的安全观念与措施逐渐显得不合时宜,一种以"对话""协作"为基础的对新"安全"的理解零星出现,还有了少量的对"综合安全""经济安全""粮食安全"的引介和论述。这一时期,官方和学界还未出现"非传统安全"的概念,更未出现专门的学理探究,但已初步萌芽了一种区别于传统军事的"非传统的"或"新的"的安全思想。

　　第二,沉淀阶段(1990 年代初—2000 年代中)。90 年代艾滋病的肆虐、2001 年"9·11"恐怖事件、2003 年 SARS 流行……恐怖主义、传染性疾病等问题前所未有地冲击着人类原有的安全思想与安全制度。在这一背景下,中国官方逐步形成了"新安全观",这种安全观强调了互信、互利、平等、协作。在 21 世纪初,中国首次对外列举了非传统安全的具体问题;2005 年,政府在一些重要文件中使用"非传统安全"一词来统称恐怖主义、走私贩毒、跨国犯罪、资源短缺、人口问题和生态恶化等问题,政策界对"非传统安全"的构成要素、消极影响、威胁因素、保障体系等逐步明确,基本形成了非传统安全思想与主张的轮廓。但总体来看,这一阶段对非传统安全的定位仍在国家安全的框架下。同时期在学术界,1994 年王勇在《论相互依存对我国国家安全的影响》一文首次引用"非传统安全"的概念,随后"非传统安全"研究在中国逐渐发展起来。

　　第三,提升阶段(2000 年代—2012 年)。随着中国对非传统安全的认知越来越深刻,非传统安全的国家观念开始体现在我的国家制度上,在政策制定与决策上越来越强调"非军事性议题"和"非对抗性思维"。在学术界,研究者在关注现状的同时,更加理性地反思非传统安全研究面临的理论困境。中国的传统文化为非传统安全研究提供了优渥的土壤,学者们基于《易经》《道德经》等经典著作,探索建构了安全治理、平安中国等全新的理论范畴,非传统安全研究的"中国范式"逐渐显现。

　　第四,建构阶段(2013 年至今)。日本"核污染区"食品惊现中国、雾霾影响日益加剧等问题使得中国在国内重要民生问题上呈现"安全赤字";而在国际上又面临着在朝鲜半岛、中国南海和台湾等周边区域的阻力。中国一方面提出共同、综合、合作、可持续的"亚洲安全观"和开放、创新、包容、共享的世界经济体系,另一方面建立国家安全委员会,提出"总体国家安全观",涵盖了人民安全、社会安全、经济安全等全方位因素,非传统安全已经成为总体国家安全观密不可分的一部分。在学术界,越来越多的学者基于中国传统思想,提出新的非传统安全理念,如余潇枫的"共享安全""镶嵌安全""场域安全",刘江永的"可持续安全",金应忠的"国际共生",秦亚青的"关系治理"……非传统安全研究的"中国话语"与"中国学派"逐渐形成。目前国内学者对非传统安全研究的内容主要包含以下三个方面。

一是关于非传统安全的类型、特征及内涵。已有研究提出非传统安全可分五大领域：人类为了可持续发展而产生的安全问题；个体国家或者个体社会失控失序而对国际秩序和地区安全乃至国际稳定所造成的威胁；跨国界的有组织犯罪；非国家行为对现有国际秩序的挑战和冲击；由于科技发展以及全球化所产生的安全脆弱性问题（魏志江、孟诗，2012）。余潇枫（2012）将非传统安全分为"内源性""外源性""双源性"和"多源/元性"四类。关于非传统安全的特征和内涵，余潇枫（2012）认为，可以从安全的理念、主体、重心、领域、侵害、实质、价值中心、威胁、维护力量、维护方式、维护前提、维护内容、现有安全制度的适应性等多个角度来比照和界分。刘跃进（2015）认为，总体国家安全是不同于"传统军事情报安全"的新型的、系统的、非传统的国家安全，是涵盖传统安全与非传统安全的"总体安全"。关于国际关系中的非传统安全的内涵和价值向度，李东燕（2004）认为，冷战结束后，联合国积极倡导包括"共同安全""人类安全"和"全球安全"在内的新安全观。李开盛（2012）对西方非传统安全进行了批判和反思，提出了新形势下非传统安全治理的价值向度。

二是关于非传统安全的治理研究。第一，中国方略的探究。如王逸舟（2011）的"创造性介入"国策，余潇枫（2006）的"和合主义"范式，熊光楷（2007）的"标本兼治"构想，郭延军（2015）的"多中心治理"方案。第二，具体治理应对。余潇枫（2012—2017）对和合主义、优态共存、积极安全、共享安全、场域安全、安全镶嵌、安全文明等非传统安全理论及其治理实践进行了研究。王逸舟（2012，2016）提出"多元参与式"的安全维护方略，李开盛（2015）提出"以民主促安全"的治理路径。

三是关于中国非传统安全理论建构的探索。主要有刘永江（2015）的"可持续安全论"、秦亚青（2010）的"关系—过程论"、赵汀阳（2015）的"新天下体系论"、任晓（2016）的"国际共生论"、余潇枫的"和合主义论"（2007）与"广义安全论"（2019）以及近年党和政府工作报告曾多次提出和学界持续关注的"人类命运共同体"建设的探索等。

2.1.3　社会安全相关研究

当前,非传统安全的研究逐渐从国家安全层面拓展到个人安全和社会安全层面。安全重心的转移突破了传统安全的国家安全本位,是在更广的范围内与更多的层面上维护国家安全和超国家的全球安全(余潇枫等,2019)。在这一过程中,社会安全的重要性为各国所逐渐重视。例如,冷战以后,俄罗斯在《2020 年前俄罗斯联邦国家安全战略》在保障国家安全方面,除了国防外,还特别强调了社会安全。2015 年以来,法国巴黎、尼斯等多个城市遭受较为恶性的暴恐事件,再加上 2018 年以来在巴黎、里昂、马赛、波尔多等大城市多次出现"黄背心"示威甚至骚乱,社会安全堪忧。德国由于难民问题的持续发酵,为德国的社会安全蒙上了阴影。

关于社会安全的概念内涵,中国学者大多从问题与领域等方面加以界定。有学者认为社会安全包括人权安全、跨国犯罪、移民难民、洗钱贩毒、走私偷渡等安全内容(余潇枫,2007)。也有人认为,社会安全事件主要包括群体性事件、民族宗教事件等(王宏伟,2010)。西方学者大多从认同视角考察社会安全问题,认为社会安全的本质就是认同的安全,因为社会是以认同为纽带结成的共同体(谢贵平,2019)。当不同行为体间互动失当所带来的"认同"缺失、冲突或危机都会带来安全问题。其中,公民内部的互动以及与政府的互动是生活中常见的互动场景。"民心向背"决定国家和政党的兴衰和走向,公民与政府的互动是对政府"认同"建立的关键,也是执政党执政的社会基础。而公民自身与其他公民的互动则是对社会"认同"建立的关键,也是社会凝聚力形成的基础。可见,公民对政府信任以及社会凝聚力是社会安全形成的微观基础。

如何消除认同危机是保障社会安全的关键。国内外学者针对社会安全治理问题,做出了一系列研究。Siddharth Kaza 和 Hsinchun Chen(2008)的研究表明,可以基于信息共享机制和对 MIMapper 技术工具的使用来优化美国公共安全机构体系中的信息系统。然而,也有学者提出单纯依靠技术分析,不能真实反映社会和个人偏好,进行联合决策需要将技术分析和公共价值结合起来。国内学者庄海燕(2018)基于对国外公共安全数据状况的研究,提出了中国社会安全决策的数据治理模式。丁波涛(2012)则从技术路线的角度，对城市公共安全应急管理提出了完善建议。

2.2 信任的研究回顾

2.2.1 信任研究的跨学科属性

20 世纪 60 年代，信任研究逐渐兴起（Deutsch，1960），在经济学、管理学、社会学等多个学科领域都有大量研究（杨中芳、彭泗清，1999；蔡翔，2006）。信任是个体在社会生活中形成的一种稳定的心理状态和思维理念，也可以被视为人们对参与互动另一方的预期（尤斯拉纳，2006）。综合以往研究，信任可以被界定为：是基于对他人意图或行为的积极期待。随着信任研究的发展，研究领域日益广阔（李勇，2019）。虽然涵盖多个领域，但是对信任的研究主要包含对其内涵属性进行定义，并构思开发对应的测度工具，对不同领域的信任水平加以测量与评价；探究信任的影响因素与形成机制；讨论信任的作用及影响（朱蕾蕊，2018）。具体来看，在心理学和经济学领域，信任研究者大多关注人际关系，旨在提升社会经济效率和机制效率；在社会学和历史学领域，研究者关注于信任的文化属性；在公共管理学领域，研究者旨在通过提升信任水平，维持社会问题，提升社会团结，最终达到善治。

（1）经济学视角。经济学对信任，甚至政府信任都较早地展开了探讨。新古典经济学强调理性选择，而信任被认为是规避风险，减少交易成本的一种理性选择。科尔曼认为信任是社会资本的一种，可以减少监督和惩罚的成本。因此在经济学视域中，信任的双方都是"理性人"。此外，从经济学意义上来解释国家信用，大多把国家信用和政府信用等同。

（2）社会学视角。齐美尔开创了社会学中的信任研究问题。1900 年，他在《货币哲学》一书中对信任进行了专门研究，认为信任是加强社会整合和社会交换的关键力量。20 世纪 50 年代后，社会学家基于齐美尔的信任研究提出了社会资本的概念，开始探讨信任与公民社会、民主制度等的关系问题，取得了许多研究成果。20 世纪 90 年代以来，信任也成为组织社会学领域重要的研究议题，而信任被认为是除了价格和权威之外的另一种组织控制机制(Bradach & Eccles,1989)。

（3）行政学视角。在行政学领域,政府信任关系包含在整个社会有机体这一大的系统内,个体或群体对社会治理主体子系统的心理预期与认可水平;在庞大的治理体系内部,各组织机构间相互协作运转的群体心理预期与认可状态;在行政组织内部,个体交往的熟悉程度与情感联系状况(程倩,2013)。

（4）心理学视角。根据弗洛姆的分析,人类的行为主要由逃避孤独和对自由的需求两种心理需要所驱动。由此信任可以被视为是一种心理需要,而且是逃避孤独的强制性心理需要。为了获取信任,个体突破了自我发展的空间限制,通过建立与他人的信任关系以获得更大的自由。如果人与人之间建立了信任关系,就会产生持续的交往行为。在这种交往行为中,人们会发现自己的价值,使人有一种归属感。

2.2.2　信任的界定与测量

纵使信任的研究领域广,但是对信任的界定却是具有一定共识的,即一方对另一方行为的积极预期,而将个体资源交由对方而相应需要承担风险的意愿(Mayer,et al.,1995)。依据信任的定义和不同的标准,学者们对信任的类型进行了细分。如表 2 - 1 所示。

表 2 - 1　信任的类型

分类依据	类别	来源
信任的对象	对他人的信任;对系统的信任	董才生,2010
信任的内容	受信方能力;可信度	Hovland et al.,1953
信任者	认知信任;情感信任	McAllister,1995;初浩楠等,2008
产生模式	基于个体特征(性别、年龄等); 基于过程(对等价交换的期待); 基于制度(法律规范等)	Welch et al.,2005
信任属性	心理评价;态度的信任	Koenig,2005;李婷玉,2017
信任强度	强信任;弱信任	翟学伟,2013

资料来源:根据朱蕾蕊(2018)和本研究整理

学者们针对信任的界定,开发了多种测度工具,其中最为广泛应用的往往是通过量表形式,对个体的信任态度进行测度,如 Rotter 编制的人际信任量表(ITS)等。

2.2.3 信任的影响因素分析

当前,理性主义、心理主义、制度主义、文化主义是信任研究的主要范式。心理主义范式的研究强调个体心理,关注个体性格等因素在信任中的影响作用;理性主义倾向于认为,信任是个体基于自身利益的理性选择;文化主义则强调宏观因素对信任的影响,如中国政府信任研究中的威权主义价值观等;制度主义认为良好的制度安排是信任的来源。其中,从研究层面来看,心理主义范式和理性主义范式的研究多从微观机制着手,探索个体信任形成的影响因素,而文化主义和制度主义范式更多关注于宏观的环境因素,如中国传统的价值观等。从研究对象角度分析,制度主义和理性主义范式关注于信任对象和制度设计的影响,是以理性化为导向;而文化主义和心理主义关注的是信任主体,主要探讨文化因素对个体的影响。总的来看,不论何种研究范式,对个体信任来源的解读都有其依据,并存在重叠之处。

2.3 政府信任研究

2.3.1 政府信任的界定与测度

政治信任、政府满意度和政府信任等相关概念常常出现混用的情况。由于研究视角的不同,对政府信任内涵的界定也存在细微差异。Eston (1975)对政治信任的对象进行了划分,认为公民支持的对象主要包括三个方面:一是政治共同体——享有同一政治权利的群体;二是政体——政治权利的基本规则;三是经选举和任命产生的政府当局。Houston 和 Harding (2013)提出公民对政府信任的感知包括政府的能力和意图两个方面。Im et al.(2014)认为政府信任是具有心理评价和态度的属性,是公民对政府的评价。Nicholls 和 Picou(2013)关注于政府信任形成的过程,包含对政府的心理定位以及对政府绩效的评估两个方面。总结以上四种对政府信任的界定,不难发现研究对内涵界定的侧重点不同,分别从对象、内容、过程和属性对政府信任进行界定。正是由于内涵界定的差异,相应地也存在多种政府信任的测度方式。如《中国社会综合调查》(CGSS)、《世界价值观调查》(WVS)和《亚洲民主动态晴雨表调查》(Asian Barometer)都是通过信任对象直接测量来刻画政府信任水平,包含题项为"您对地方官员的信任程度如何?""您对地方政府信任程度如何?"等。再如《Edelman 全球信任度调查》则是通过对信任内容的测度来衡量政府信任水平,包含题项为"您认为政府官员是否浪费了公民的税收?""您认为政府是否做了正确的事情?"和"您认为政府为了谁的利益而运作?"等。

2.3.2　政府信任的影响因素

关于政府信任的影响因素,大多从政府、公民、信息沟通、外部环境四个方面展开。

1)政府层面

(1)制度绩效。部分学者提出,公民对政府的信任是基于对政治制度和政府绩效的理性判断,而不是文化代代相传的结果。如果政府整体运转良好,能获得公众的积极反馈,则可认为该政府将获得公众的信任。如果政府运转不佳,且民众给予负面评价,将招致怀疑和不信任(Hetherington,1998)。Citrin(1974)也赞同政府绩效是政府信任产生的前提,即对政府信任有显著的正向影响。Volcker et al.(1999)也认为公民对政府绩效的消极评价将引致政府信任的下降。总而言之,公众对于政府存在主观的认知和期望影响着政府信任水平,如果在现实情境下,政府并没有表现出公众所期待的行为与结果,将使得公众产生一定的心理落差,对政府不信任感由此产生——低水平的政府绩效将会导致公民对政府的不信任,如果政府表现出公众所期待的行为与结果,那么社会公众对政府的信任感将提升——高水平的政府绩效将有利于公民对政府信任感的提升(Nye et al.,1997)。

(2)经济绩效。除了发挥政治职能,政府还发挥着提振经济、保障公共物品供应等职能。Chanley 等(2000)通过检验 1980—1997 年公民政府信任的数据发现,经济形势的负面趋势和政府丑闻以及国内犯罪率的增加都是导致政府信任下降的因素。Plasser and Ulram(1996)基于对中东欧转型国家的数据分析,发现公民对当前经济状况以及未来经济增长水平的看法会影响其政府信任。Nye(1997)指出第三次工业革命后政府信任的下降是因为公民将失业率上升、工资下降的原因归结于政府。另一方面政府如何改善经济不平等以缩小公民之间的收入差距等问题,也深刻影响着公民的政府信任水平(科尔曼,1992)。

2)宏观层面

(1)社会因素。总体而言,社会因素可以分为社会稳定因素和社会信任因素。前者是社会治安水平的体现,后者在政府信任研究中关注度更高。社会信任与政府信任是一对邻近的概念,二者之间的关系究竟是怎样的,社会信任与政府信任能否相互转化也一直处于广泛的争议中。社会信任是人际信任,是指个体对社会中的其他个体的信任程度。关于政府信任与社会信任间的联系,大部分研究者认为政府信任与社会信任相关。Parry(1976)认为社会信任的流失也将影响到政府信任,从而降低政府信任水平。阿尔蒙德和维巴(1989)在《公民文化——五国的政治态度和民主》一书中也表达了类似的观点,在美国,拥有相信他人、乐于助人这种信任的公民,在政治参与中也有更高的合作倾向。Job(2005)也强调了社会信任催生了政府信任。与此同时,政府信任对社会信任也存在影响。已有研究表明,高效廉洁的执政环境中,社会信任水平会更高(Rothstein & Stolle,2008),在腐败横行、不作为的政府管理背景下,社会信任也会流失(Richey,2010)。也有学者提出,政府信任和社会信任之间不存在相关,这是因为社会信任是一种持久的道德价值,而对政府的信任是基于对政府行为及表现的评价。政府行为和表现在短期内可能发生变化,因而政府信任与社会信任不同,并非是持久性的。20 世纪 70 年代中期,美国政治动荡引发政府信任下降,但是社会信任却并未下降(Citrin,1974)。Newton(2001)也提出,社会信任和政府信任是不同类型的信任,拥有较高的社会信任的个体仍存在不信任政府领导或机构的现象。

而在中国,政府信任与社会信任的关系表现为何种形式,也未有定论。令人好奇的是,在转型期的中国,社会信任与政府信任能否相互转化,如果可以,二者的转化率如何。政府信任储备与社会信任储备又是通过何种机制反作用于政府改革与社会建设的。

（2）文化因素。在文化主义者看来，包括道德标准、价值观和人际信任在内的文化观念都影响着民众政府信任水平的高低。多位西方学者提出政府信任由于文化条件的差异而具有跨文化和跨社会的差异性。从微观上来看，文化主要表现为个体的价值观，而在宏观层面则表现为风俗习惯和社会规范。当前研究从历史演进的路径和各国文化习俗的不同解释政府信任水平的差异。如政府信任文化生成论的代表阿尔蒙德和维巴（1989），他们将社会信任与政府信任相连接。个体对他人有更高的信任，则更容易对政府产生高水平的信任。帕特南（2006）也指出社会资本水平下降导致公民的政治参与积极性下降，从而导致政府效率降低，并间接影响公民对政府的信任程度。福山（2001）同样提出，如果一个国家或地区的人际信任水平普遍较高，就能在很大程度上促进集体合作，包括民众的社会参与、政治参与，进而对该地区居民的政府信任水平产生提升作用。

Chen 等（1997）提出，公民对政府的支持可以分成情感和工具两个维度，在对中国政府信任展开研究时发现，民众对中国政府有高度的情感支持，而有较低的工具性支持。Shi（2001）也提出中国的政府信任受传统价值观的制约。其中，威权主义价值观是中国传统文化中的典型代表，表征着个体对于中国特殊政治文化的认可程度，是中国政府信任的一项重要解释变量（后梦婷、翟学伟，2014）。马得勇（2007）在政府信任的国际比较中也明确指出，威权主义价值观是影响中国政府信任的重要文化因素。此外，受传统文化和集体主义价值观的影响，中国民众对政府的权责认知并不清晰，会将各类事务都归结为政府责任范围，这种观念在中国政府信任的塑造中产生了深刻影响（李勇，2019）。

现有研究表明，中国政府的信任水平不同于西方国家，呈现出"央强地弱"的特征。换言之，中央政府一直享有非常高的信任（Chen，2004；Li，2004），而对地方政府信任程度较低。李连江（2012）通过对中国农民的调研数据发现，在大部分农民认知中，中央政府更值得信任，而对地方政府的信任感较低。肖唐镖等（2010）在总结 1999—2008 年间五省市调查数据的基础上发现，不仅"差序政府信任"的格局存在于农民群体中，在城市居民中也存在这一现象。管玥(2012)以大学生群体为研究对象,同样验证了这一观点。黄信豪(2015)通过研究 2012 年世界价值观的调查数据,也发现约有 75% 的中国受访者对中央的信任高于地方,再一次印证了差序政府信任在中国社会已相当普遍。

3) 个体因素

政府信任水平还受到个体特征、认知能力水平的影响。当前政府信任的研究对个体层面的因素进行充分的探讨,包括个体的性别、年龄、受教育程度、籍贯、性格等。英格尔哈特关于"后物质主义(post-materialism)"论述中提到,长久的现代化催生了公民更倾向于怀疑并批判政府。西尔弗更加具体地指出,"高等教育更可能造成思想解放,对官方教条提出更多的批评"。后物质主义塑造了具有后现代价值观念的公民——"批判性公民(critical citizen)",这些公民对政府抱有强烈的怀疑和批评态度。"批判性公民"一方面将更为客观地评价政府行为与表现,但是长期持续会侵蚀公民对政府的政治信任(李勇,2019)。Zhao 和 Hu(2015)基于中国城市公民大规模问卷调查数据,运用线性回归手段分析发现,男性相对于女性,政府信任水平更高;年长的公民相对于年轻的公民,政府信任水平更高;教育水平低的公民相对于教育水平高的公民,政府信任水平越高;收入越低的公民相对于收入越高的公民对政府信任水平的程度越高。此外,宗教信仰也影响着政府信任。Maxwell(2010)对英国宗教人士的分析发现,相对于基督徒,穆斯林教徒的政府信任水平更高。部分学者从个体认知能力角度对政府信任进行探讨。有学者指出,公民对政府的先有认知起到对政府信任的决定性作用,且外部因素如经济因素、文化因素对政府信任的作用受到个体认知水平的调节。如 Grimmelikhuijsen(2012)经过实验研究发现,透明度与政府信任之间的关系受到公民个体知识与感受的决定。

4) 信息沟通

除了政府自身因素、公民个体之外,信息沟通也是影响公民政府信任的重要因素之一。由于政府与公民之间的信息不对称问题不可避免,信息沟通因素直接影响着公民对政府能力与行为意图的感知,从而影响政府信任水平。尤其是在新媒体时代,网络技术对政府信任的影响并不是可有可无,而是十分显著的。在高科技时代,公民能接触大量的信息数据,使得公民不仅可以成为信息的接受者,更可以成为信息的制造者和参与者(Shapiro,1999)。因此,随着网络技术的不断发展,信息沟通因素对政府信任影响的研究也受到空前关注。其中为数不少的研究关注了公民互联网的使用对政府信任的影响。Im 等学者(2014)的研究结果显示,公民在互联网上消耗的时间和政府的信任水平及对政府政策的服从度呈现负相关关系。部分研究提出,网络媒体的使用频率与政府信任存在正相关关系(Porumbescu,2013)。此外,作为公民了解政府的主要渠道,对"央强地弱"的差序政府信任也存在影响——传统媒体的使用会强化"差序信任"。这是因为人们获取政治、经济、社会信息的媒体上发布的信息往往是那些经过精心制作或筛选的。长期在这类信息的引导下,对于地方政府信任的提升有限,而对中央政府较高的信任水平将得到提升,因此会强化差序政府信任。相反,新媒体的使用则会弱化差序信任。互联网信息来源渠道多元,信息内容庞杂,信息结构复杂,不仅包括政府主导的官媒,还包括非官方主导但受规制的民间媒体,甚至还有审核不严的各大论坛、微博、微信等。多元化的信息渠道、信息内容一方面使得公民对地方政府的行为与表现了解日益增加,另一方面获得的信息更为全面,进而弱化差序政府信任格局。

2.3.3　政府信任的后果与影响

政府信任是国家软实力的重要组成部分,稳定的政府信任对于国家的平稳运行来说是一笔无形的财富。在改革发展的关键时期,只有具备较高的信任水平,政府才能在改革的具体操作上更具灵活性。当前凸显的差序信任格局侧面体现了地方政府的信任危机,信任的衰退会危及政治体系的结构稳定和功能发挥,进而导致政府合法性的降低、政治权力弱化、社会凝聚力下降和社会秩序混乱等严重的后果。政府信任的影响主要有以下两个方面。第一,政府信任对政治系统稳定的影响。政府信任作为政府执政的心理基础,反映出政府在多大程度上得到了公民的认可,体现出政府执政的合法性(Fukuyama,1995;游宇、王正绪,2014;Shi,2001)。此外,政府信任影响着政府公共政策制定和执行的社会成本(Fukuyama,1995;游宇、王正绪,2014)。洛克(1983)指出,公民出于对统治者的信任,认为其将为社会利益服务,才将权力交于统治者,因此公民与政府之间并非契约关系而是一种信任关系。第二,政治信任对公民行为的影响。政治信任对公民行为的影响主要体现在公民政治参与方面。孙昕等(2007)学者提出,村民是否参与村委会选举取决于其对乡镇基层党委、政府的政治信任程度。

2.3.4　大学生政府信任

大学生的政府信任与我国的社会安全密切相关。一是随着我国高等教育的发展,在校大学生在数量上已经颇具规模。二是在校大学生的政治信任度不仅是当下民众政治信任的重要组成部分,且从某种程度上预示着国家政治信任的未来走向(李春成、张少臣,2011)。大学生对政府信任程度的高低关乎未来中国的政治进程,更关乎未来中国的前途与命运(杜兰晓,2018)。

现有研究认为,大学生政府信任的影响因素有:①个人因素。相关研究显示,大学生的年龄与政府信任呈现负相关,年龄越大的大学生对政府信任的程度越低。此外,大学生的政府信任度与家庭经济地位显著相关,家庭经济地位高的大学生更信任政府,相反家庭经济地位低的大学生的政府信任水平越低(沈坦毅,2006;刘嘉薇,2008)。②媒体因素。大学生媒体使用情况将影响其政府信任水平,其中大学生信息获取的方式是影响政府信任的因素之一。有研究表明,印刷媒体的使用会正向影响大学生的政府信任,但是网络媒体使用相反会负向影响政府信任(王正祥,2009)。艾明江和王培远(2015)指出,大学生越是依靠非官方渠道获取信息,则越会使得自己的政府信任感下降。此外,大学生一旦长期选择从国外媒体获取信息,则会对自己的政治文化产生深远影响,而这是因为国外媒体报道取向所导致的。同时,大学生对信息的关注差异也将构成对政府信任的影响。大学生对政治媒体注意程度、对媒体报道的公正性显著正向影响大学生的政府信任水平,但与媒体对负面政治的揭露程度呈现负相关(刘嘉薇,2008)。

2.4　印象管理相关研究

2.4.1　印象管理概念界定

印象管理这一概念于 1959 年由 Goffman 提出。他认为"印象管理就像戏剧",关注的是自我表现在日常生活中的作用。20 世纪后期,印象管理理论在心理学、传播学中得到广泛应用。Jones(1982)提出自我表现也包含企图控制他人对自己的个人特征的印象(Goffman,1959),并将 Goffman 提出印象管理的定义从社会学范畴扩展到心理学范畴。Baumeister(1982)提出印象管理是"利用行为去沟通关于自己和他人间的一些信息,旨在建立、维持或精练个体在他人心目中的形象"(Jones & Pittman,1982)。随着印象管理理论的发展,越来越多的学者将该理论应用于组织层面的分析。如Bolino 等人(2008)在对印象管理理论进行回顾综述时,亦从个体和组织两个层面展开分析。正是有了个体层面印象管理的研究,也为组织层面的印象管理行为的研究提供了重要的思路。

2.4.2　组织印象管理过程

随着网络传媒时代的到来,公众信息获取的渠道更为多元,内容更为丰富。在这一背景下,越来越多的组织开始重视通过媒体塑造自身在公众心目中的形象,注重运用印象管理的手段来提升自身形象或者避免受到负面信息的影响 (McDonnell & King, 2013; Washburn & Bromiley, 2014; Zavyalova et al.,2012)。通过借鉴个体印象管理理论研究可知,组织印象管理的过程包括印象管理的动机—印象管理的行为与策略—印象管理的结果(金婧,2018)。

企业印象管理动机。企业利益相关者对企业的印象与企业的绩效息息相关。如果企业的绩效表现不佳,会影响股东的投资,进而导致企业市值的进一步下滑,因此企业具有对利益相关者进行印象管理的动机(Clapham & Schwenk,1991; Staw et al.,1983;Tsang,2002)。企业高管对股东也具有印象管理的动机。高管选择性地将经营信息传递给股东,从而获取股东以及其他利益相关者对本企业高管能力的认可与信任 (Gao et al.,2016;

Hayward & Fitza,2016；Pollach & Kerbler,2011；Shin & You,2017）。此外,企业也会面向大众进行印象管理行为。这是因为正面、积极、符合大众期望的企业形象,有助于企业获取合法性。如开展慈善活动、通过同行比较说明企业薪资水平的合理性(金婧,2018)。当然,企业也会深陷负面新闻甚至丑闻中,如产品质量问题、环境污染问题等。负面信息使得企业形象受损,受到来自消费者的质疑,致使企业社会信誉下降,面临巨额损失(Chen et al.,2009b;Eccles et al.,2007)。因而企业倾向于采用印象管理的方法挽回形象,重新获取组织合法性(Bansal & Clelland,2004；Delmas & Montes-Sancho,2010;Chen et al.,2014)。最后,当企业形象与外界期望存在不符时,企业也会产生印象管理动机(Leary & Kowalski,1990),让外界对企业重拾信心(Carberry & King,2012;Patelli & Pedrini,2014)。

企业印象管理策略。相对于个体,企业的印象管理策略有其特殊性,主要包括以下五类:一是宣称采用积极的政策、模式(Carberry & King,2012；Melloni et al.,2016)。为数不少的企业会对外宣称采取了某种新的技术或者管理模式,进而影响外界对企业的印象;二是发布战略噪声。战略噪声是指当企业将要发布负面信息时,会先发布一些无关信息来抵消负面信息带来的冲击(Graffin et al.,2011)。如企业在宣布新任 CEO 时,会同时宣布其他人事任免。三是事前埋下伏笔(Busenbark et al.,2017)。如为了降低负面消息的影响,企业可以通过事先埋下伏笔的策略,降低利益相关者的期望。四是盈余管理。是指通过企业绩效的合理调整,使得董事会和股东信任高管的能力。Chen(2015)研究发现,临时 CEO 更倾向于操纵企业绩效,以便转正。五是企业社会责任(Cooperate social responsibility)。是指企业不仅对股东负责的同时,需要进一步对利益相关者负责,由此产生的企业社会责任行为,包括捐赠、环境保护、信息及时披露、员工保障等。

企业印象管理效果。当前对印象管理效果的讨论并不充分,更多研究关注于印象管理的动机与实施行为。事实上,对于行为的评价是行为有效性的体现。已有研究表明,印象管理行为能显著改善受众对行为实施者的评价,如企业在负面事件前后发布战略噪声可以有效地降低股市异常负面收益(Graffin et al.,2011；Graffin et al.,2016)。

印象管理研究深化。当前印象管理研究还有以下方面可以进一步深化：第一，结合目标人群。当前印象管理研究并未对受众对象进行细分，尤其是当拥有众多的利益相关者，如何针对目标人群采取差异化管理行为是亟须解决的问题。第二，探索印象管理的边界条件。已有研究表明，同一种印象管理行为对不同使用者以及在不同情境下使用会存在差异化效应（Zavyalova et al.，2012），因此探讨何种因素会影响印象管理的行为与结果显得尤为重要。第三，印象管理策略的实施。已有研究表明，在同一情况下，面对相同的受众，同一种印象管理策略与行为会产生不同的效应，这就说明印象管理实施的技巧也会影响结果，这也是未来研究值得探讨的部分（Harris et al.，2007）。

政府印象管理行为。当前以政府为研究对象，探讨其印象管理行为的研究不多，主要集中在网络空间对政府形象的提升与改善。如亢海玲（2014）基于印象管理理论，探讨了政府网络舆论危机的治理以及印象管理行为；潘村秋（2018）以政务微博"平安北京"为例，基于印象管理理论，分析政务微博服务于政府印象管理的策略与效果。可见，政府的印象管理主要由政府管理者们发出，而其面向的受众主要是社会公众。李慧芳（2016）探讨政务微博互动性对粉丝忠诚度的影响。通过将信任当作中介效应，建构政务微博互动性影响粉丝忠诚度的关系模型。

2.4.3　印象管理研究涉及的理论

大部分印象管理研究的基本假设是信息不对称（Graffin et al.，2011；Whittington et al.，2016）。如企业业绩下滑，为了保护企业名誉，大部分企业也许不会披露真实信息，而是通过印象管理来缓和外界的消极评价（Porac et al.，1999）。此外，当前印象管理理论大多与委托代理理论、利益相关者理论、期望违背理论和制度理论相结合。

（1）委托代理理论。由于企业高管或者董事会可能采取的"机会主义行为"，不能确保股东的利益的最大化。为了得到利益相关者的支持，企业采用薪酬激励机制，将企业与高管的薪酬捆绑，或者采取有效的内部治理机制，有效地监督高管行为（Westphal，1998；Zajac & Westphal，1995）。

（2）利益相关者理论。即企业不仅需要对股东负责，更需要对更大范围内的利益相关者负责,包括员工、消费者、政府等。为了应对利益相关者的压力,企业也会采取印象管理行为(Delmas & Montes—Sancho,2010)。

(3)期望违背理论。该理论指出,为了避免让企业利益相关者失望,企业会采取印象管理行为。

(4)制度理论。企业的印象管理行为能有效提升组织的合法性,尤其是新创企业,外界缺少对其的充分信息,所以新创企业会尝试向潜在投资人传递不同的消息,以此来获取他们的投资(Chen et al.,2009a;Martens et al.,2007;Nagy et al.,2011;Parhankangas & Ehrlich,2014)。

(5)社会交换理论。Westphal et al.(2012)的研究指出,企业会给予曾经在自身印象管理过程中施以援手的企业帮助,这被视为一种社会交换的行为。因此社会交换理论也适用于印象管理研究。

2.5　社会凝聚力相关研究

社会凝聚力一直都是社会学家和心理学家研究和探讨的永恒的主题。随着这一领域关注的人越来越多,对社会凝聚力的界定也激增,且这些界定之间难以协调与结合。正因如此,对社会凝聚力的前因以及后果,不同学者也得出了不同的观点(Lott & Lott,1965)。在本部分,研究首先对凝聚力的内涵进行把握,再对社会凝聚力的概念界定进行综述,并探讨社会凝聚力的影响因素。

2.5.1　社会凝聚力的重要性

Berger(2000)认为提升社会凝聚力应该是政府最重要的目标。一个具有社会凝聚力的国家不仅意味着公众内部联系紧密,对外来者还具有强烈的同化能力。Jenson(1998)提出,对于转型中的国家而言,社会凝聚力尤为重要。这是因为对于迅速变迁的社会来说,社会凝聚力决定了政府政策推行的顺利程度以及制度变革的能力,而社会凝聚力有助于使改革获得大多数人的合作与支持。Ritzen et al.(2000)也提出,社会凝聚力是发展中国家实现社会改革和持续经济增长的重要基石。对于发展中国家而言,社会凝聚力并不是绝对的文化一致性,而是公众对国家经济和社会改革目标和行为的认可度。一个具有高水平社会凝聚力的国家意味着少有潜在的或实际存在的能扩大改革不足的支点(Easterly et al.,2006)。Easterly et al.(2006)提出,社会凝聚力不佳的社会相对而言对外部冲击具有更明显的反应,如更会造成经济绩效降低等。Kaufuman et al.(2003)对这一问题进行了进一步分析,发现社会凝聚力好的社会更容易形成良好的社会制度,而良好的社会制度能有效提升经济绩效。

2.5.2　社会凝聚力概念界定与衡量

凝聚(cohesion)最早源于拉丁语,是结合或者粘附的意思。与很多社会科学概念一样,"凝聚"最早在自然科学领域中的物理学中出现,用来形容物质聚合后密度增大的现象。随着跨学科的不断发展,"凝聚""凝聚力"等概念被引入社会科学领域。在社会科学领域,学者们基于管理学、心理学或者政治学等学科,对"凝聚力"这一概念进行研究,总结而言,当前对于凝聚力的界定包括主要有三种。社会心理学家对社会凝聚力的界定强调个体成员的态度和行为(Friedkin,2004)。最初对社会凝聚力的界定强调成员关系的持续性。Moreno & Jennings(1938)提出社会凝聚力是吸引个人留在所在群体中的力量。Festinger et al.(1950)将凝聚力界定为将个人留在群体中的力量范围。这些学者从力量角度对凝聚力进行界定,提出凝聚力可以用来形容能把众多事物聚合在一起的内在力量,更有学者强调,凝聚力包含吸引力、亲和力等(曹茵,2004;黄明哲,2007)。部分学者用凝聚力来形容组织中,组织与成员、成员与成员之间密切与团结的程度(王焕之,2013;朱国立,2007)。杨思博等(2001)提出,"凝聚力是成员之间相互吸引、相互关联以及对其团体(或群众)组织的目标认同的程度"。克特·W.巴克(1984)从情感角度对凝聚力进行界定,认为凝聚力是基于成员的共鸣而产生的对群体或者组织的归属感和认同感。依据以往学者对于凝聚力的界定可知,凝聚力一般可以划分为团队凝聚力和社会凝聚力(厉以宁,1998)。上述学者分别从力量、程度和情感角度对凝聚力进行界定,三者并不是冲突而是各有侧重,相互补充的关系。因而本研究认为,综合上述主要观点,凝聚力是人们基于共同价值观念、共同目标和共同利益这几大因素,相互吸引、认同和支持进而产生情感共鸣或行为一致的心理聚合程度。

社会凝聚力作为一个社会学概念,一般被界定为社会成员之间结合上的协调性和整合性(李金,1992)。周林冲(1999)认为,社会凝聚力或称社会内聚力、向心力,主要指在社会活动的过程当中,一定的社会组织及其成员因共同目标所形成的吸引力而产生的合作行为。还有学者依据对象将凝聚力划分为任务凝聚力和人际凝聚力,依据范围划分为内凝聚力和外凝聚力。

以往研究一般依据研究目的以及数据可得性对社会凝聚力进行测度(陈长江,2010)。如 Sampson et al.(1997)将社会秩序的稳定程度作为衡量指标,Cantle(2001)以认同感对社会凝聚力进行测度,也有学者分别以包容性、中产阶级系数、社会资本(White,2003;Easterly et al.,2006;Friedkin,2004)。Ritzen(2000)认为社会凝聚力可以通过直接和间接两种方式进行测量,直接测量包括如社会机构的参与度、社会信任度(Putnam,1992;Narayan & Pritchett,1999);间接测量包括对种族、性别、阶级等不平等度的衡量,因为这些不平等破坏了人们合作的倾向(陈长江,2010)。另外,Easterly et al.(2006)提出,中等收入比例和民族一致性程度也可以作为社会凝聚力的代理变量。Forrest 和 Kearns(2001)提出社会凝聚力包括多个方面,不能仅仅用一个维度进行衡量。这一观点也为 Reeskens et al.(2008)通过结构方程的验证性因子分析证实,并提出共同的价值观、更少的财产和暴力犯罪、社会团结以及收入公平的综合能对社会凝聚力有较为准确的衡量。

2.5.3 社会凝聚力的影响因素分析

大部分社会学家认为,对社会凝聚力的研究正是对社会团结的探讨,社会团结的寻求即是对社会凝聚力的探寻。著名社会学家涂尔干是最早关注社会凝聚力研究的社会学家之一。涂尔干认为,社会凝聚力与宗教、分工、道德等因素密切相关。涂尔干认为道德教育对社会有整合作用,他在《道德教育论》中提出,社会成员的一致的道德规范与价值观是社会团结的基石。共同的道德规范和共同价值观念可以将个体联结成为群体,并使各种社会秩序得以确立(黎民、张小山,2005)。他还提出,社会凝聚要通过法律来体现,法律是团结的基础更是主要的表现形式(涂尔干,2009)。法律由社会规范组成,是社会共同意志以及绝大多数人的共同心声。法律的作用不仅在于平衡利益冲突,保持社会整体的良好秩序,更能保障社会凝聚力以及社会的有序变动。此外,涂尔干认为,宗教是影响社会凝聚力的另一个关键性因素。

随着社会凝聚力的重要性不断提升,越来越多研究者从不同理论视角对社会凝聚力进行了分析。布劳认为,群体权力结构稳定的关键必要条件便是共同价值观与规范。如果缺乏这一核心价值观或者价值认同,那么在危机中,群体便会因为缺乏成员的共同参与而面临巨大的风险。曼海姆重视价值观念的重建。他认为,只有共同协议的价值政策才能实现弥补分期的作用。而道德价值观的衰退极大地伤害了社会的基本秩序,威胁到社会的生存与发展(黎民、张小山,2005)。此外,柏克的《论法国革命》论述了传统和社会秩序的思想,柏克认为,作为联结历史与现代的纽带,传统文化对于保持社会的团结与凝聚具有决定性意义(于海,2004)。他还提出,传统文化凝结着过去的历史与智慧,并给予人归属感和认同感,从而有利于形成社会凝聚力。

值得一提的是,社会凝聚力的产生是以人与人之间的信任为基础的,如果缺乏最基本的社会信任,那么社会凝聚力将不复存在。这是由于只有极少数的关系是基于对另一个人的完全了解而建立,因而缺少信任将鲜有关系得以持续(林南,2005)。布劳也提出,社会信任是社会凝聚力形成的关键因素,信任作为基于熟悉友谊纽带以及共同的信念与价值,是社会凝聚力的重要来源。进一步地,部分学者从政治的角度提出对政治认同或信任是社会凝聚力的重要影响因素。曾有学者提出"政治社会化"概念,认为个体对政治制度和政治价值的认同与信任是可以通过各种方式培养获得的。美国学者弗雷德·雷格斯蒂在《政治社会化》一文中,把政治社会化理解为政治信息的传播和交流过程,并用拉斯韦尔的信息传播"5W"模式来解释政治社会化过程(李元书,1998)。任何社会的维持与发展都离不开公众的信任、支持和义务承担(李春艳,2011)。政治社会化通过提升个体的政治参与热情和能力,培养个体对某政治制度和政治价值的认同和信任,降低政治治理的成本,并有效地促进政治团结和社会整合。

不仅如此,不同人群的社会凝聚力也存在差异。依据2012年的公众凝聚力指数调查的结果显示,相对于男性而言,女性的社会凝聚力水平更高。依据 2015 年社会凝聚力调查数据,法治观念越强的公众,社会凝聚力水平就越高;公众对反腐行动的支持意愿与公众的凝聚力指数呈现出十分显著的正相关关系;互联网使用水平与社会凝聚力也存在显著正相关关系;个体的环境治理观念越强,社会凝聚力水平就越高(黄溪,2015)。

推进国家治理体系与治理能力的现代化是促进国家认同、提升国家凝聚力的重要手段,尤其是在社会分化加速,社会冲突加剧,社会整合力弱化的背景下,政府如何重塑凝聚力成为实现社会和谐的关键。

(1)构建利益均衡机制。"橄榄形"是一个较为稳定的社会结构,即允许富裕和贫穷人口的存在,而中等富裕者(中间阶层)占绝大多数的结构(李立周,2007)。但是随着中国经济社会的飞速发展,两极分化的趋势不断凸显,导致社会利益格局逐渐失衡,部分弱势群体的社会剥夺感日益增强,为社会所排挤,无法融入主流社会,最终使得社会联结断裂。面对利益不均衡,资源集中的现象,政府应建立利益表达机制和利益均衡机制,减少弱势群体的社会排挤与剥夺,形成"橄榄形"的社会结构。

(2)促进社会的自动整合。社会凝聚力的提升不仅需要依靠政府的整合力,更需要关注民间自发力量的作用。如在少数民族地区,宗教对于社会稳定和发展发挥着关键性的作用。此外,以社会团体、基金会等为代表的社会组织处理社会问题、加强社会团结等方面颇有贡献。因此,政府部门积极推动形成多主体共同参与的社会治理模式是提升社会凝聚的关键性手段之一。

(3)保障社会环境安定。现实社会中还存在诸多不和谐因素,影响着公民生活的同时,也不利于社会团结的形成。如黑社会作为和谐社会的一个巨大毒瘤,黑社会不仅危害着人民的生命财产安全,而且危害到了整个社会的繁荣安定;邪教组织、恐怖组织、分裂势力对社会和谐的破坏力亦不容小觑,因此政府部门坚决铲除异质因素,将有助于社会凝聚力的提升,形成多样共生、有机统一的社会局面(张永谊,2013)。

(4)注重网络空间的社会凝聚力。中国互联网络信息中心(CNNIC)调查数据显示,截至 2018 年 12 月,我国网民规模达 8.29 亿,互联网普及率为

59.6%（陈联俊，2019）。互联网具有重构社会关系，传播多元价值，促进社会变迁的作用，对社会凝聚力的影响已日益显著。政府应不断促进发展网络技术，创造网络公民参与的渠道和条件，引导公民明确网络政治参与的权利和责任，改善政府在虚拟空间的形象，进而提升整体的社会凝聚力。

2.6　理论述评与研究重点

以往政府信任的研究聚焦于从政府、个体两个方面探讨政府信任的影响因素，如考察了文化心理如威权主义价值观，以及制度绩效如经济发展、公共政策、司法公正、政府回应等因素的作用。鲜有从印象管理视角出发，研究政府印象管理行为对公民内心主观认知的影响，更未对政府印象管理行为对政府信任的影响的作用机制进行深入分析。

以往较少地研究并建立提升地方政府信任与社会凝聚力的理论模型，发掘管理策略、主观认知、行为反应之间的关系。通过对社会凝聚力的文献综述发现，当前如何提升社会凝聚力研究还处于理论论述阶段，相关研究还显得比较"碎片化"，研究体系不够完整，没有形成相对成熟的分析框架，从而反映出中国社会凝聚力相关研究仍然思想沉淀不足、理论分量不够。此外，以往对政府信任、社会凝聚力的研究主要采用一种研究方法，研究结果的稳定性、可重复性较低。本研究采用二手数据分析法、行为学实验法和问卷研究法，可以有效地提高研究结果的可重复性与稳定性。

本书针对上述研究不足，整合印象管理理论、地方政府信任研究、社会凝聚力等相关研究，综合运用二手数据分析法、扎根理论法、行为学实验研究法和问卷分析法，对如何提升政府信任和社会凝聚力进行了分析。

2.7　研究逻辑框架

经过文献梳理，本研究以治理安全为切入点，首先运用文献分析法对治理安全的微观基础的维度进行细化，并通过扎根理论分析，总结可能存在的影响因素；基于外部视角，分析政府印象管理策略对地方政府信任和社会凝聚力的影响;最后从认知视角,分析政府印象管理策略对地方政府信任和社会凝聚力的具体作用机理。

2.7.1　地方政府信任与社会凝聚力的影响因素识别

在社会转型过程中,利益分化、阶层重组、价值多元等现象的出现,不可避免地催生了公权力的异化与私权利的膨胀,贫富差距、贪腐横行、民生矛盾等问题进一步弱化了民众对政府的信任。另一方面,消费主义、个人主义等观念的偏差又挤压了政治认同的发展空间,进而降低了社会凝聚力(张晋宏、李景平、白东海,2019)。基于此,本研究在总结现有成果的基础上,通过对文献的分析及现实问题的观察,分析地方政府信任和社会凝聚力的影响因素是什么? 印象管理行为与地方政府信任和社会凝聚力之间的关系如何? 政府的印象管理行为如何影响地方政府信任和社会凝聚力? 本研究试图在非传统安全研究领域进行有益的探索,并为现实问题的解决提供理论指导。

2.7.2　政府印象管理与地方政府信任、社会凝聚力的主效应分析

目前,对于究竟是什么因素影响地方政府信任和社会凝聚力的形成学术界尚无定论。有学者认为,文化心理是影响这一政府信任形成的关键因素之一(后梦婷、翟学伟,2014;马得勇,2007),也有学者认为政府的行为可能是另一个重要的原因(张永谊,2013)。不同视角的研究为地方政府信任和社会凝聚力的提升提供了重要的理论支持,也为相关主题的进一步深化奠定了基础。本研究在前人研究的基础上,基于印象管理理论,分析地方政府信任和社会凝聚力的形成机制。

2.7.3　政府印象管理对地方政府信任、社会凝聚力的作用机理分析

子研究二分析了政府的印象管理行为对地方政府信任和社会凝聚力的影响,但我们还不清楚印象管理行为究竟如何起作用,是直接作用于政府信任和社会凝聚力还是借由中介变量产生影响? 由此,子研究三基于认知视角,分析了公民的政治忠诚度在印象管理行为、地方政府信任和社会凝聚力关系中起到的作用。

2.7.4　模型提出

综合上述分析与推理,本研究融合印象管理理论、政府信任研究和社会

凝聚力研究,建立了政府信任和社会凝聚力的形成机制模型,具体研究框架
如图 2-1 所示。

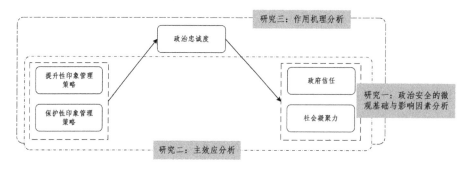

图 2-1 研究框架图

2.7.5 实证安排

本书后续的实证部分拟在前述理论模型的指导下,实施三个相互关联
的研究,从而对地方政府信任和社会凝聚力的影响因素分析、因果关系及具
体的作用机理进行细致的梳理和验证(见表 2-2)。

表 2-2 实证研究安排

对应章节	数据来源	分析方法	主要目的
第 4 章	访谈素材/二手数据	扎根理论分析法	维度细化与影响因素分析
第 5 章	行为学实验	单因素方差分析	主效应分析
第 6 章	问卷数据	结构方程分析	中介效应分析

第 3 章　地方政府信任与社会凝聚力的现状和影响因素分析

研究基于对文献和现实的分析,在第二章的基础上进一步展开分析,旨在探讨中国公民地方政府信任和社会凝聚力的现状究竟如何? 哪些因素可能会影响公民的政府信任和社会凝聚力水平? 本章首先运用二手数据揭示公民政府信任和社会凝聚力的现状,进而运用扎根理论,厘清哪些因素影响了公民的地方政府信任和社会凝聚力水平,并在本章的小结部分提炼基于研究结果得到的实践启示,为后续研究奠定基础。

3.1　公民地方政府信任和社会凝聚力的现状分析

3.1.1　二手数据库

不同于一手数据(primary data),二手数据一般具有以下特征:原始数据并非研究者收集;数据收集的目的并不一定是为了学术研究;研究者一般不需要与数据中所涉及的研究对象发生直接接触;二手数据可以通过公关及公开的渠道获得。常见的二手数据包括上市公司数据、专利数据、中小企业调研数据,从更为广义的角度来说,报纸杂志也是二手数据的来源。二手数据作为一手数据的补充信息,有助于我们对实证背景的把握。二手数据有其特有的优越性。二手数据的样本量通常很大,部分二手数据甚至可以体现时间变化,从而成为面板数据,且二手数据通常具有很高的客观性,此外,二手数据具有高度的可复制性,使得学术研究的可重复性大大提升。本研究的二手数据主要包括以下三个数据库。

一是世界价值观调查数据库(World Values Survey,WVS)。世界价值观调查是一项旨在研究公众的价值取向、并探索其如何随时间与社会政策变迁而变化的全球性调查,也是迄今为止对人类信仰和价值观进行的最大的非商业性跨国实证时间序列调查。WVS 由世界社会科学网络联盟的成员单位共同协作执行,目前覆盖了 100 多个国家、90%左右的全球人口。从 1981 年第一次调查开始至今已有四十余年的历史,调查内容涵盖了当代世界最关心和关注的价值观话题,如民主化、外籍或少数群体包容性、性别平等、宗教角色与变迁、全球化的影响等;此外,也调查受访公众对环境、工作、家庭、政治互动、国家认同、文化、多样性、安全的看法以及主观幸福感等。本书采用 2022 年发布的第七波世界价值观调查的数据来进行分析,第七波调查始于 2017 年年中,由于新冠疫情推迟一年,最终于 2021 年 12 月 31 日结束。此次调查涉及 80 个国家,调查内容涉及各国民众对于各国不同组织的信任程度和社会信任程度,其中就涉及本研究聚焦的政府信任测量。

二是中国社会状况综合调查数据库(Chinese Social Survey,简称 CSS)。它是中国社会科学院社会学研究所于 2005 年发起的一项全国范围内的大型连续性抽样调查项目,目的是通过对全国公众的劳动就业、家庭及社会生活、社会态度等方面的长期纵贯调查,来获取转型时期中国社会变迁的数据资料,从而为社会科学研究和政府决策提供翔实而科学的基础信息。该调查是双年度的纵贯调查,采用概率抽样的入户访问方式,调查区域覆盖了全国 31 个省/自治区/直辖市,包括了 151 个区市县,604 个村/居委会,每次调查访问 7000 到 10000 余个家庭。此调查有助于获取转型时期中国社会变迁的数据资料,其研究结果可推论全国年满 18～69 周岁的住户人口。本书主要采用中国社会状况综合调查公布的 2019 年数据展开分析。

三是中国综合社会调查数据库(Chinese General Social Survey,CGSS)。CGSS 是我国最早的全国性、综合性及连续性学术调查项目,是由中国人民大学中国调查与数据中心负责执行。该数据库至今已历时 19 年,从 2003 年起,每年对中国大陆各省市自治区 10000 多户家庭进行连续性横截面调查。目前,基于 CGSS 数据发表学术期刊超过了 1000 篇(边燕杰、肖阳,2014;洪大用、范叶超、肖晨阳,2014)。

3.1.2 政府信任现状分析

在第七波世界价值观调查(2017—2022)问卷中,题项"Q71-您对你们国家(地区)的政府有多大的信任?"可以初步反映出 80 个被调查国家(地区)民众的政府信任程度。调查结果显示,被调查的 3036 位中国民众中,47.6%的人表示非常信任中国政府,47%的人表示比较信任中国政府,可见,中国的政府信任度整体较高,这也为国内理论界对中国公众中央政府信任水平持乐观态度提供了依据(李艳霞,2014)。各国(地区)调查数据结果详见表 3-1。

表 3-1　第七波 WVS 各国(地区)政府信任数据

	非常信任	比较信任	比较不信任	非常不信任	不知道
安道尔	7.2	41.5	38.4	12.1	0.8
阿根廷	4.7	24.6	37.9	30.8	2.1
澳大利亚	4.1	26.2	50.3	18.7	0.7
孟加拉国	32.9	48.2	13.4	4.3	1.1
亚美尼亚	10.9	22.9	26.7	36.8	2.7
玻利维亚	8.7	14.7	48.8	26.4	1.5
巴西	2.8	19.7	21.7	53.4	2.3
缅甸	36.2	43.9	13.6	6.2	—
加拿大	6.2	39.9	39.1	14.7	—
智利	4.6	31.7	37.2	24.4	2.1
中国(内地)	47.6	47.0	4.4	0.7	0.3
中国台湾地区	7.0	45.4	34.2	12.1	1.4
哥伦比亚	6.5	5.4	58.0	30.1	—
塞浦路斯	7.8	26.5	40.2	21.7	23.7
厄瓜多尔	5.4	26.4	38.5	28.5	1.1
埃塞俄比亚	28.6	36.8	18.9	14.4	1.3
德国	4.2	40.0	41.2	11.8	2.9
希腊	1.2	11.7	37.4	47.9	1.7
危地马拉	1.2	7.9	48.6	42.3	—
中国香港地区	11.8	43.2	33.3	11.4	0.4

（续表）

	非常信任	比较信任	比较不信任	非常不信任	不知道
印度尼西亚	37.1	41.7	17.9	2.9	0.4
伊朗	18.9	32.8	18.2	29.4	0.5
伊拉克	6.9	12.3	24.7	52.7	3.4
日本	3.2	36.7	42.0	10.1	8.1
哈萨克斯坦	22.1	46.5	25.2	4.1	2.2
约旦	14.2	21.9	14.6	34.2	15.0
肯尼亚	18.2	26.5	32.8	20.7	1.8
韩国	4.2	47.1	40.9	7.8	—
吉尔吉斯斯坦	11.4	40.8	28.6	17.3	1.8
黎巴嫩	2.8	17.0	47.7	31.7	0.8
利比亚	9.4	19.1	37.4	30.0	4.2
中国澳门地区	16.4	51.8	23.7	7.4	0.7
马来西亚	11.6	38.5	36.3	13.5	0.1
马尔代夫	9.9	19.6	33.9	36.0	0.2
墨西哥	4.4	13.0	28.6	53.8	0.1
蒙古	10.7	27.8	40.5	16.2	4.7
摩洛哥	2.3	18.7	53.9	25.1	—
荷兰	1.6	26.7	46.9	17.9	7.0
新西兰	8.2	41.8	35.7	7.1	7.2
尼加拉瓜	16.7	10.8	34.8	37.8	—
尼日利亚	14.3	25.9	35.3	24.2	0.4
巴基斯坦	27.0	35.3	15.9	19.8	1.9
秘鲁	1.3	9.3	30.8	57.5	1.2
菲律宾	35.2	46.4	16.8	1.6	—
波多黎各	3.9	11.0	34.8	49.1	1.2
罗马尼亚	5.3	14.7	34.1	41.2	4.9
俄罗斯	13.4	39.6	27.6	16.0	3.5
塞尔维亚	3.3	21.2	36.1	32.8	6.6

（续表）

	非常信任	比较信任	比较不信任	非常不信任	不知道
新加坡	20.9	59.7	15.8	2.5	1.1
越南	35.4	57.5	4.2	1.0	1.8
津巴布韦	18.4	33.3	24.4	23.4	0.6
塔吉克斯坦	53.2	36.0	7.1	1.9	1.8
泰国	12.1	38.9	30.8	9.8	8.3
突尼斯	4.2	7.6	30.5	55.7	2.0
土耳其	24.0	44.8	21.8	7.8	1.6
乌克兰	2.6	16.3	38.1	36.2	6.6
美国	8.3	25.1	36.7	29.0	0.9
委内瑞拉	4.0	13.3	30.4	52.9	—

为进一步了解中国政府信任现状,本书分类探究了民众对中国中央政府信任与地方政府信任的不同程度。在 2019 年中国社会状况综合调查问卷中,题项"F1a－1－请问您信任中央政府吗?""F1a－2－请问您信任区县政府吗?"和"F1a－3－请问您信任乡镇政府吗?"分别以五级李克特量表的形式测量了中央政府信任、区县政府信任和乡镇政府信任。本书将区县政府信任与乡镇政府信任值相加,取二者平均作为地方政府信任值,表 3－2 为中央政府信任和地方政府信任均值结果。数据结果显示,民众对中央政府信任明显高于对地方政府信任,可见,中国的政府信任呈现出差序的特征。

表 3－2　CSS2019 政府信任数据

	题项	均值	d(x)
中央政府信任	F1a－1－请问您信任中央政府吗	4.51	0.64
地方政府信任	（F1a－2－请问您信任区县政府吗）＋（F1a－3－请问您信任乡镇政府吗）/2	3.58	1.38

3.1.3　社会凝聚力现状分析

已有研究从社会信任度、社会资本满意度和自组织能动性三方面综合测算中国公众的凝聚力(黄溪,2015)。本章依据数据可得性,基于 CGSS 数据中已有的问项,对社会凝聚力进行分析。

首先依据 CGSS2013 年和 2015 年的数据,研究绘制了 2013—2015 年中国社会信任值的变化图(见图 3-1)。中国公民的社会信任的测量题项为"总的来说,您同不同意在这个社会上,绝大多数人都是可以信任的?",由 5 点李克特打分进行衡量,"非常不同意"赋值为 1,"非常同意"赋值为 5。如图 3-1 所示,2013 年我国公民的社会信任值为 3.28 分,2015 年上升到3.43 分,2015 年相对于 2013 年中国公民的社会信任值提升了 4.5%,社会信任值总体呈现上升趋势。

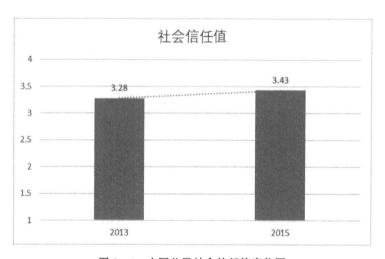

图 3-1　中国公民社会信任值变化图

再者,研究依据 2015 年的数据,绘制出了 2015 年中国社会信任值的变化图。中国公民的社会信任的测量题项为"在不直接涉及金钱利益的一般社会交往/接触中,您觉得对下列人士中的信任度?",由 5 点李克特打分进行衡量,"绝大多数不可信"赋值为 1,"绝大多数可信"赋值为 5。如图 3-2 所示,中国公民对亲戚的信任度最高,为 4.71,其次是对邻居的信任,为 3.79,对街坊的信任度排第三,为 3.18。

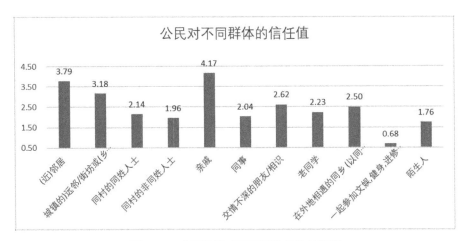

图 3－2　中国公民对不同群体的信任值图

　　研究绘制出了 2013－2015 年中国公民社会资本满意度的变化图。中国公民的社会资本满意度的测量题项为"请问您与邻居进行社交娱乐活动（如互相串门、一起看电视、吃饭、打牌等）的频繁程度"以及"请问您与其他朋友进行社交娱乐活动（如互相串门、一起看电视、吃饭、打牌等）的频繁程度"来测度，由 7 点李克特打分进行衡量，"非常不同意"赋值为 1，"非常同意"赋值为 7。如图 3－3 所示，2013 年我国公民的朋友互动的均值为 3.87 分，2015年为 3.61，下降了 7.2%，2013 年邻居互动的均值为 3.69，2015 年为 3.45，下降了 7%。总体来看，中国公民的社会资本满意度呈现下降趋势。

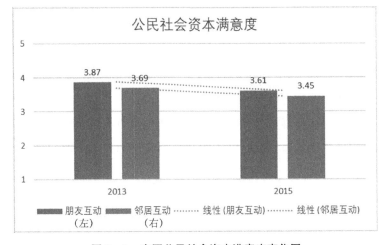

图 3－3　中国公民社会资本满意度变化图

　　自组织能动性是社会凝聚力构成的核心,分为两个维度,一是社会角色的扮演,二是对公共事务参与的看法。基于数据可得性原则,本研究用"上次居委会选举/村委会选举,您是否参加了投票?"来衡量公民的自组织能动性。如图3-4所示,2015年参与投票的公民占样本总数的46.23%,相较于2013年高了2.7%。2013年未参与投票的公民占样本总数的51.30%,超过了50%,而2015年则下降至48.83%。

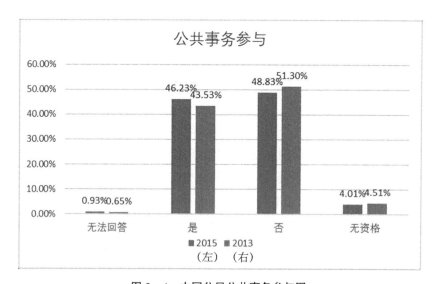

图3-4　中国公民公共事务参与图

　　依据对公民社会信任度、社会资本满意度和自组织能动性的数据分析可知,社会信任度和自组织能动性呈现上升趋势,均表明公民社会凝聚力的提升(黄溪,2015)。而值得注意的是,公民的社会资本呈现下降趋势,这也说明公民的社会凝聚力处于一个非稳定状态。

　　那么公民的社会凝聚力和地方政府信任是否具有群体性特征? 而哪些因素又影响了公民的地方政府信任度和社会凝聚力? 本章将采用扎根理论法,对上述问题进行进一步分析。

3.2　公民政府信任和社会凝聚力的影响因素分析

3.2.1　扎根理论

Glaser 与 Strauss 率先提出了扎根理论（Grounded Theory）。目前，扎根理论因其科学性、严谨性等优点被广泛应用于不同领域，这也导致其在实际应用过程中出现了差异与分化。其中 Glaser（1967）倡导"经典扎根理论法"，他提出，研究者在进入田野工作之前应是还未完全确定研究问题，而是根据田野调查的进行，随着研究的进展而提出最终的研究问题、概念和范畴。而 Strauss（1990）则提出了"程序化的扎根理论"，通过引入"维度化""主轴编码"和"典范模型"等概念，将扎根理论程序化。此外，Charmaz（2006）在 Glaser 和 Strauss 的基础上，在扎根理论中引入建构主义，从而建立了"建构式的扎根理论"。可见，扎根理论难以用一句话进行完整概况，但是有几个核心特征：一是强调理论源于数据。Glaser 认为扎根理论原始数据可以包括访谈、反思、文本、文献、观察、问卷、备忘录等，即"一切都是数据"，并系统地分析和逐步地归纳原始数据，最终基于经验事实基础抽象出理论，以避免出现社会科学研究中普遍存在的问题，即理论性研究与经验性研究严重脱节。同时，扎根理论注重理论的可追溯性，即所有建构的理论都能追溯到原始数据；反之，所有数据都指向最终理论。二是研究者需要具有"理论敏感性"，即面对数据，研究者需要有能从中建构理论的能力。三是理论的建构是一种不断比较、抽象的过程。通过不断抽象以实现数据的概念化与简约化；通过不断比较则提炼出核心概念与范畴，最后在分析概念与概念、概念与范畴以及范畴与范畴之间逻辑关系的基础上，绘制概念关系图，此关系图也是建构实质性理论的基础。四是强调目的性抽样、开放性抽样与理论抽样相结合原则。

相对于其他质性研究而言，扎根理论具有较为固定的操作流程。包括以下几个步骤：

（1）产生研究问题。在这一阶段，需要关注两个问题——问题的产生与问题的聚焦。Glaser（1967）提出，研究者带着好奇心进入某一情景，通过目的性抽样,进而获得针对研究对象所关注的研究问题,而研究问题聚焦是在研究过程中不断探索和提炼获得的。

（2）数据的收集。Glaser(1967)认为,任何信息都可以成为数据,但是信息与研究问题的关联性和解释力度存在差异,同时不同研究者对数据的理解和运用程度也存在差异。

（3）数据分析。在扎根理论中,数据分析是指实质性编码,即从众多松散概念中发展出描述性的实质性理论。不同流派有不同的编码分类,Glaser(1967)将数据分析划分为实质性编码（开放性编码与选择性编码）与理论编码;Strauss(1990)则将数据分析分为三类,即开放性编码、主轴性编码与选择性编码。

（4）理论建构。扎根理论的本质在于理论的建构,即产生新的理论。研究者首先根据实质性编码,了解概念与范畴之间的逻辑关系,利用各种形式呈现研究结论;随后通过与前人研究的比较,丰富已有的理论框架,使其与他人研究进行对话,实现对前人研究的"继承性发展"。

3.2.2 数据收集

本部分主要通过半结构化的面对面访谈,搜集地方政府信任和社会凝聚力影响因素的现实素材。在访谈内容上,主要通过开放式提问的方式,如"您是否信任我们的地方政府?""您对地方政府信任的程度请在1到5打分""为什么会对地方政府形成上述信任状态?""您认为社会的凝聚力怎么样?请在1到5打分"等。

研究者于2019年8—12月以及2020年4—5月,分别在上海和杭州共计访谈45位大学生,10位政府工作人员,10位社区居民。其中,大学生样本的平均访谈时间为45分钟,最多为60分钟,最少为20分钟。政府工作人员和社区居民平均访谈时间为25分钟。经过受访者同意后,研究者对访谈进行录音。访谈结束后由研究者录入电脑,形成电子文档,并对电子文档从1到65进行编号,作为编码对象进行保存。访谈对象的特征如表3-3所示。

表 3 - 3　受访群体描述性统计表

群体		大学生	政府工作人员	社区居民
人数(人)		45	10	10
性别	男性	51%	50%	50%
	女性	49%	50%	50%
年龄均值(岁)		22	34	50
受教育程度均值		本科	本科	初中

资料来源:本研究整理

65 名受访者对地方政府的信任度如下:其中打 5 分的受访者有 13 名 (20%),打 4 分的受访者有 20 名(占 30.77%),打 3 分的受访者有 15 名 (23.07%),打 2 分的受访者 15 名(23.08%),打 1 分的受访者 2 名(3.07%)。

65 名受访者的社会凝聚力打分情况如下:其中打 5 分的受访者有 17 名 (26.15%),打 4 分的受访者有 20 名(占 30.77%),打 3 分的受访者有 15 名 (23.07%),打 2 分的受访者 13 名(20%),打 1 分的受访者 0 名。

3.2.3　数据编码

1)一级编码:初始编码

本研究首先对访谈资料进行初级编码,采用逐行和逐个事件编码的方式开展,旨在将资料分开,从而形成概念(Corbin & Strauss,2015:206)。

比如:"地方政府该怎么样通过媒体去树立权威与形象,个人觉得目前年轻人对于这种官方的新闻宣传并不感冒。"(受访者 3)

将该段文字编码为"地方政府传统的宣传方式缺乏吸引力"。

又如:"其实在长三角和珠三角和政府打交道的体验感很好,但是在其他地区……还有很多进步的空间。"(受访者 12)

将该段文字(或事件)编码为"地方政府行为表现存在地区差异"。

再如:"其实地方政府做了很多事情,但是就是没有被大众所看到,所理解。实际上也比较难,如果不宣传大家就不知道,如果过多宣传群众就会觉得你作秀。"(受访者 25)

"政府官网急需整治,好多官网看不到一些有用信息。"(受访者 61)

将该段文字(或事件)编码为"地方政府的宣传困境"。

"比如12345,在12345热线开通后我周围的人,特别是一些文化程度不那么高的人,对政府的信任感提升了很多,而且维权意识也有所提高。"(受访者10)

"会考虑人民的意见和想法,在很多政策的制定上面会一定程度采纳人民的意见。"(受访者57)

将该段文字(或事件)编码为"地方政府的便民措施深得民心"。

以此类推,本书将每一份访谈资料进行初始编码,共获得635份初始编码。

2)二级编码:聚焦编码

在一级编码的基础上,本书依据群体将已有的初始编码进行比较与分析,关注于概念之间的相关性与互斥性(陈丽君、朱蕾蕊,2018)。

"比如'安全第一'是政府为民生考虑的第一准则,所以'危险地带'这样的用词旨在警告群众,保护群众的切身利益,无可厚非。"(受访者10)

"对于群众能够自主规避的风险,我觉得及时发布这样的信息非常重要,能够减小危险发生的可能性。"(受访者14)

"比如台风、地震等自然灾害,虽然这类风险因素危及的只是相对局部地区少数人群,即便只是一个自然危险因素,就算是涉及社会稳定的风险因素,一般地方政府也会及时客观发布。"(受访者30)

"为了人民的安全,地方政府一般都会告知可预见的风险因素,但是很多情况下即便告知了也会有人以身试险。"(受访者35)

······

上述的初始编码存在以下两个共性,一是涉及地方政府对风险因素的预判;二是聚焦于地方政府能否及时告知群众潜在的风险因素。因此将它们整合为"地方政府对风险因素会预判并及时告知群众"。通过日常观察与体验,公民对潜在的风险,不论是自然风险还是社会风险都存在相对直观的感受,如果地方政府能及时告知群众可能的危险,可以成为公民判读地方政府是否负责的重要依据。在访谈中,各个群体对此也多次提及,也强调了这方面政府所做的工作。

比如:

"虽然政府公众号、微博开了很多,但是看得人不一定多,而且很多账号都没有及时更新,更多粉丝都是'僵尸粉',其实意义不大。"(受访者 20)

"政府的官网基本上处于无人维护的状态吧,好长时间都不更新内容,界面的设计还是上个世纪的,传统的服务方式确实有很大局限性,新媒体运用得当确实能解决很多问题的。"(受访者 19)

"政府在宣传形式上相对以往已经做了比较大的改进,地方政府有在积极了解百姓需求,通过建立公众号、微博发布一些便民信息,但是也不是所有的群众都能覆盖到。其实群众也应时刻关注地方政府发布的消息,这是一种相互的关系。"(受访者 37)

"在这一方面,政府做得还是比较到位的,比如说电信诈骗啊。"(受访者 46)

"政府利用新媒体和网民交流拉近了政府和群众的距离,群众也更愿意向政府表达看法了。"(受访者 59)

上述的初始编码存在以下两个特征,公民认为传统的政府宣传方式不再适用,而部分公民对地方政府则更为理解,认为地方政府在互联网时代的宣传方式已有所改进。

最终本书将所有初始编码提炼为 12 个聚焦编码,包括政府经济绩效、政府行政服务水平、人民生活保障、自我监管、政府信息沟通渠道、政府公开信息的客观程度、政府公开信息的及时程度、政府公开信息的通俗程度、政府公开信息的生动程度、政府公开信息的亲民程度、阶层差异和地区差异。这些聚焦编码间包含的具体特征与内涵基本是互斥的。

3)三级编码:理论编码

在 9 个聚焦编码中,政府经济绩效、政府行政服务水平、人民生活保障、自我监管主要体现公民对地方政府绩效的感知,因此研究将这四个聚焦编码整合为"政府绩效";政府信息沟通渠道、政府公开信息的客观程度、政府公开信息的及时程度、政府公开信息的通俗程度、政府公开信息的生动程度、政府公开信息的亲民程度主要体现地方政府信息传递的能力,因此研究将这六个聚焦编码整合为"政府信息传递";阶层差异和区域差异主要是公民的个体差异,研究将这两个聚焦编码整合为"个体因素"。具体编码如表3-4所示。

表 3-4　地方政府信任的影响因素及内涵维度构成说明

因素	代码	内涵维度	定义
政府绩效	A1	政府经济绩效	地方政府在提升地方经济方面的绩效
	A2	政府行政服务水平	地方政府在提升行政服务水平方面的绩效
	A3	公共服务	地方政府在提供公共服务方面的绩效
	A4	自我监管	地方政府在自我监管方面的绩效
政府信息传递	B1	政府信息沟通渠道	地方政府的信息传播渠道广泛程度
	B2	政府公开信息的客观程度	地方政府传播的信息是否客观准确
	B3	政府公开信息的及时程度	地方政府传播的信息是否及时
	B4	政府公开信息的通俗程度	地方政府传播的信息是否通俗易懂
	B5	政府公开信息的生动程度	地方政府传播的信息是否生动形象
	B6	政府公开信息的亲民程度	地方政府传播的信息是否亲民
个体因素	C1	个体差异	个体因素导致地方政府信任水平差异

4)理论饱和度检验

扎根理论的运用需要考虑到理论饱和度,是指对访谈材料逐级编码的过程中,研究者是否能持续发现新范畴、新属性或范畴间新关系,如果还能持续获得新发现则说明没有实现理论饱和,如果无法从资料中获得新发现则说明实现了理论饱和(李贺楼,2015)。在本子研究中,研究者也通过观察访谈资料获得类属,来判断理论饱和程度。为了检验理论研究的信效度,并检验理论饱和度,本书从获得的访谈资料中预先留取了5份,以便再次进行分析编码(吕君、张士强、王颖、杨梦洁,2019)。对预留的5份资料再次编码分析,发现其并未与之前研究所获得的概念和范畴存在分歧。因此,所得到的范畴编码和模型构建具有一定的理论饱和度。

3.2.4　公民地方政府信任影响因素模型构建

通过访谈与扎根理论编码,本研究获得了政府绩效、政府信息传递、个体因素3个理论编码。结合理论和现实素材,本书将进一步对这两个理论编码与地方政府信任间的关系进行分析。

1）政府绩效与地方政府信任

地方政府作为与公民直接接触的政府机构,具有承担包括经济、社会和公共事务等各项职能的义务,需服务于社会公众(王浦劬、郑姗姗,2019;陈丽君、朱蕾蕊,2018)。已有研究表明,一个"符合公众偏好的政府更能提升自身的信任"(Christensen & Laegreid,2005)。尤其是,在中国经济不断发展的今天,地方政府的绩效不仅仅体现在对经济的提振,更体现在行政服务、人民生活水平保障、自我监管等方面,而这些因素也已成为提升基层政府信任的新源泉(孟天广、杨明,2012)。

"地方政府的关怀不仅体现在政策方针上,更体现在具体行动上,真切关怀需要帮助的普通百姓。"(受访者 11)

"我觉得政府政策是好的,但是在落实的过程中肯定会存在不好的现象,比如走后门领补助啊,克扣补助啊,什么的,还是监管不严。"(受访者 13)

可以推定,政府绩效依然是地方政府信任的重要来源,只是在新时期,政府绩效的外延更为宽泛,公民不仅依据地方经济水平对政府执政能力进行评价,还将通过公共服务水平、自我监管等方面对地方政府提出新的要求。

2）政府信息传递与地方政府信任

地方政府的信息传递能力也是影响公民对自身信任的关键因素之一,即对政府行为表现所掌握的信息影响了公民对地方政府的信任水平。一方面,个体获得的信息的质量、数量、类型和个体"信息获取能力"存在密切关联,另一方面,政府信息传递的能力也影响着公民对政府形象的感知,因此公民和政府之间的信息不对称问题是客观存在的。

"我觉得政府在这方面宣传及讲解做得不够,出了新功能新政策消息闭塞一点的就不会用,去办证也不知道提前要什么材料,就需要跑很多次,如果能在宣传方面再下点功夫亲民一点会更好。"(受访者 5)

互联网和新媒体的发展为信息传播带来新渠道的同时,也使得公众与政府之间的沟通不同于以往,各种非正式的信息渠道也成为公众获取信息的方式(黄利红,2017),从而使得政府与公民之间的沟通将受到噪声干扰,造成双方的信息不对称。值得注意的是,公民政治参与和自我诉求及表达需求也在不断增长,上述两方面的因素对政府信息公开意识和回应能力提出了新的要求,因此政府能与公民之间建立良好的信息沟通渠道,提升公开信息的客观程度、及时程度、通俗程度、生动程度和亲民程度的同时也将提升公民对地方政府的信任感。

3)个体因素与地方政府信任

公民对地方政府的信任往往存在个体差异(Rotter,1967)。在访谈中,部分大学生提出地方政府在经济、公共服务、社会保障方面实施了诸多政策与措施,对地方政府的评价也更为客观与全面。

"在12345热线开通后我周围的人,特别是一些文化程度不那么高的人,对政府的信任感提升了很多,而且维权意识也有所提高。"(受访者42)

"我们一定要对地方政府目前的发展成绩有全面的认识,要实事求是,与时俱进,在党的带领下,相信政府,相信法律,为新时代中国特色社会主义发展注入力量。"(受访者45)

"政府的工作不可能面面俱到,我们可以向政府反映问题,促进发展稳定向前。"(受访者37)

而也有部分大学生对地方政府的信任度相对较低,对地方政府的评价相对主观与片面。这也从侧面印证了由于信息不对称造成的公民地方政府信任呈现职业群体差异化。

"感觉有些地方政府是认真做扶贫工作,但也看过领导送温暖那种摆拍的照片。"(受访者1)

"评上文明城市的一个指标就是修建一定比例的盲道,然后有些城市就会乱修,都把盲道修到下水沟去了,我感觉这个就是为了完成指标。"(受访者5)

3.2.5 公民社会凝聚力影响因素模型建构

对公民社会凝聚力影响因素分析的扎根理论编码方法与3.2.3部分一致,通过访谈与扎根理论编码,本研究获得了政府行为和社会心态两个理论编码。结合理论和现实素材,本书将进一步分析这两个理论编码与公民社会凝聚力之间的关系。

1）社会心态与社会凝聚力

社会凝聚力与社会心态密切相关，其中社会心态包含三个方面：以价值观、社会公益导向、社会联结构成的理念维度，以社会成员之间的关系、社会群体间的关系构成的关系维度；以主观、客观的生活质量，社会公平与否构成的分配维度。

"大家有共享的价值观共同话题，互动才会多，凝聚力才强。"（受访者 7，在校大学生）

"很多外来人口的社会凝聚力比较低，因为他们不和当地人和组织形成联系，也就很难与当地社会融入。"（受访者 39）

"有些弱势群体，生活得不到保障，就有相对剥夺感，感觉自己被社会排斥了。"（受访者 40）

2）政府行为和社会凝聚力

政府行为是社会凝聚力的风向标，群众对政府行为的认可度越高，社会凝聚力越强（黄溪，2015）。尤其是在转型社会中，政府部门需通过关注民生、公平，让群众感受到政府的关怀，共享改革和建设的成果，从而重塑社会凝聚力。

"社会群体是一个开放的系统，不停与外界进行信息、能量的交换，要说这个社会凝聚力其实和外部环境有很大的关系，如果外部环境良好，那就有利于这个社会群体的发展，如果外部环境不好就会延缓或者减弱整个群体的力量，这个外部环境塑造和政府行为有很大的关联。"（受访者 15）

"我觉得社会凝聚力就是公众对国家经济和社会改革目标和行为的认可度，这也决定了当危险和机会来临的时候人们一起努力的程度，这也说明政府行为在社会凝聚力提升过程中是至关重要的。"（受访者 35）

3.3 结论与讨论

本子研究首先借助二手数据库——亚洲民主动态数据库和中国综合社会调查数据库呈现了中国公民的地方政府信任的基本情况。数据分析显示，当前中国公民对政府的信任呈现"央强地弱"的差序格局状态，公民普遍信任中央政府,对地方政府的信任度较低,而社会凝聚力呈现非稳定状态。因此,厘清影响公民地方政府信任和社会凝聚力的影响因素显得至关重要。对此,研究进一步对公民进行访谈,并对访谈资料依据扎根理论进行分析。研究通过对 45 名在校大学生、10 名政府工作人员以及 10 名社区居民的访谈,基于理论研究与现实素材,结合理论分析和扎根理论编码,提出了影响地方政府信任的三大因素——个体因素、政府绩效因素和政府信息沟通因素,公民社会凝聚力的影响因素——社会心态和政府行为,构建了公民地方政府信任和社会凝聚力的影响因素模型。

值得注意的是,政府信息传递和个体因素都与公民和政府之间的信息不对称问题密切相关。在传统的沟通方式中,政府拥有信息的筛选、传递的权利,在与公民沟通的过程中占有主要地位(夏晓璇,2019)。随着互联网技术的高度普及和各种新媒体的飞速发展,网络信息传递的快捷性、沟通的双向性和影响的广泛性等特点,使得公众可能会受困于各类相互冲突的信息,另一方面政府传递的信息也可能会被媒体歪曲,这使得公民对政府信息传递的内容与方式也有了新的要求,也逐渐令地方政府机构认识到信息传递对政府形象和公信力的重要性(王连伟、杨梦莹,2018)。不同于以往政府信任相关研究中的政府回应性问题[①],政府信息传递不仅需要地方政府在各类公共事件发生后作出被动回应,更需要在特定情况下进行信息的主动公开,形成"准确化""扁平化"和"实时性"的信息公开机制,将政府信息准确无误地传递到更广泛的公民群体中。与此同时,地方政府不仅局限于一般意义上的信息公开,更需要通过政府形象的主动管理,采取合理的印象管理措施,改善公民对地方政府形象的感知,进而提升公民对地方政府的信任感。

此外,政府行为也会影响公民的社会凝聚力水平。尤其是在社会分化加速,社会冲突加剧,社会整合力弱化的背景下,政府行为对重塑社会凝聚力具有深刻影响。地方政府可以通过建构利益均衡机制,消除弱势群体的社会剥夺,塑造"橄榄型"社会结构;通过培育和发展社会组织,促进社会的自动整合;通过铲除异质因素,如黑社会、邪教组织、恐怖组织等,保障社会

---

① 所谓政府回应,是"政府对公众关于政策变革的接纳和对公众的要求作出反应,并采取积极措施解决问题"(斯塔林,2003)。

环境安定;通过不断促进网络技术的发展,创造公民网络参与的渠道和条件,引导公民明晰网络政治参与的权利和义务,改善政府在虚拟空间的形象,进而提升整体的社会凝聚力。

3.4　本章小结

本研究也存在一定局限性。第一,访谈的样本主要来源于东部沿海地区,依据这些样本所获得的结论能否推广到更大范围的样本中,即研究的外部效度仍有待进一步检验;二是本研究仅仅从政府层面和个体层面探讨了公民地方政府信任的影响因素,未将社会因素、制度因素等纳入考虑;三是研究仅仅基于定性数据构建了公民地方政府信任的影响因素模型,这一结论仍需要用大样本数据进行验证,后续研究可将通过对地方政府信任影响因素的操作性和关系开展进一步研究。

第 4 章　印象管理对地方政府信任和社会凝聚力的影响：一项行为学实验研究

子研究一通过对二手数据库以及访谈资料的分析发现，我国的政府信任呈现显著的"央强地弱"的差序结构，社会凝聚力水平处于非稳定状态，而政府绩效、政府信息传递以及个体因素深刻影响着地方政府信任和社会凝聚力。子研究二基于子研究一的研究结论，从政府印象管理行为出发，试图探讨政府印象管理行为与公民地方政府信任以及社会凝聚力之间的关系。

4.1　研究目的

2018 年，一部名为《战狼》的电影将民众的热情进一步点燃。随着三次大规模、有效率的撤侨，民众对中央政府的信任度到达高值。在利比亚撤侨中，政府动用各方力量，把将近 4 万名中国同胞成功地接回了祖国；在也门撤侨中，中央政府当即让原本正常巡航的海军舰队，暂停巡航，前往也门接回被困的中国同胞；在尼泊尔撤侨中，中国大使馆声明，只要有中国护照，不需要登机牌，可以直接登机。美国公关公司爱德曼（Edelman）1 月 20 日发布 2019 年度"全球信任度调查报告"显示，中国民众对政府的信任度高居 27 个被调查的国家和地区之首[①]。近 20 年来，有关政府信任的研究逐渐深入，现有研究通过对中国大样本调查数据的分析（如 CGSS、亚洲晴雨表等）同样也证实了我国"央强地弱"的政府信任状态（Li，2004，2013，2016）。另一方面，作为维系国家统一和社会团结的纽带，社会凝聚力也是社会和谐程度的重要指标之一。公众的社会凝聚力越强，彼此之间的使命感和团结合作精神

---

① 全球民调：中国政府信任度位居首位［OL］. https://baijiahao. baidu. com/s？id =1623399164039991335&wfr=spider&for=pc.

越强，该社会的和谐程度越高（王琪，2016）。可见，政府信任和社会凝聚力对政治稳定和政治体系的顺利运转具有重要意义（李艳霞，2014）。

随着在社交媒体上的曝光度不断增加，加之网络的蜂拥关注，地方政府部门越来越重视自身形象。地方政府通过建立微博账号，开通微信公众号，澄清政府谣言等行为，旨在塑造一个亲民、靠谱的政府形象。这些行为一方面证实了政府印象管理行为的存在（孟庆国、邓喆、杭承政、刘源浩，2016；潘村秋，2018），另一方面也深刻影响着民众对政府形象的感知。而印象管理行为如何影响民众对地方政府的信任和社会凝聚力，是一种正向的积极效应还是负向的消极效应尚未可知（Crant，2000；Eastman，1994）。

综上，地方政府的印象管理策略是否能有效提升群体对政府信任和个体的社会凝聚力成为亟须解决的理论和实践问题。以往政府信任和社会凝聚力的研究大多采用案例和问卷调查法。王浦劬和郑姗姗（2019）基于北京大学国家治理研究院"中国政府质量评价体系"项目组发放的调研问卷的分析表明，政府回应及时有效是缓解"央强地弱"差序信任格局的关键之一。邹艳辉（2019）运用中国青少年研究中心 2016—2017 年开展的"共青团组织凝聚青年研究"数据进行分析，进而提出了工具性凝聚力和情感性凝聚力的概念，并以其为因变量分析其影响因素。结果显示，无论是工具性凝聚力还是情感性凝聚力，共青团的目标与价值、组织支持感、团干部培训和青年自组织等因素都是影响共青团凝聚力的主要因素。实验室研究因其较高的内部效度，而被广泛应用于个体行为研究中（陈佳乐，2015）。本研究采用行为学实验研究法，用实验来模拟地方政府的印象管理行为，有效控制实验过程和影响因素，并尽量排除其余因素的干扰，体现地方政府的印象管理策略与地方政府信任以及个体社会凝聚力的因果关系。

研究借助 QQ 群讨论、通过发送地方政府新闻的方法来模拟地方政府的群体印象管理策略。将招募来的被试随机分为 60 个组，每组 6 人，其中 20 组实施提升性群印象管理策略，20 组实施保护性群印象管理策略，20 组作为控制组。在实验操纵开始前，请每组被试填写地方政府信任以及社会凝聚力的量表，随后进行实验操纵，实验结束后再由被试填写地方政府信任以及社会凝聚力的量表。这样的实验操纵是为了考察地方政府的群印象管理策略对个体政府信任以及社会凝聚力的影响,以探讨群印象管理策略的有效性。

4.2   研究假设

4.2.1   政府印象管理与政府信任

当前中国地方政府主要采取的印象管理策略包括以下内容:一是基于交互式原则,构建政府与民众之间的公开对话机制。随着互联网技术的发展,网络平台已成为民众提出诉求,政府回应诉求的关键渠道,因此构建社会化的公共话语平台,能制度化地畅通民众情绪的表达渠道,起到"社会安全阀"的作用(潘村秋,2018)。当前,地方政府基于微博、微信平台建立账号已成为普遍现象。《2017 年年度人民日报政务指数微博影响力报告》显示,地方政府的政务微博已存在庞大的基数,并仍处于高速增长的状态。不仅如此,政务微博的发展日趋纵深化、精细化、专业化和垂直化(潘村秋,2018),不少政务微博拥有百万乃至千万级粉丝数,具有较强的传播力、服务力、互动力与认同度,塑造了服务型、亲民型、奉献型的地方政府形象,大大提升了民众对地方政府的信任度(李慧芳,2016)。此外,政务微博不仅起到了沟通渠道的作用,更是地方政府自我宣传的平台(潘村秋,2018)。大多数政务微博语言风趣幽默,在群众中形成地方政府"有点皮"的诙谐印象。如"网红"微博"平安北京"最为突出的特色在其新潮的传播技巧。"平安北京"注重表情包/表情符号等流行元素的使用,并配以视频、短视频等群众喜闻乐见的传播手段实现提醒民众、知识普及等效果,使得政府形象更为亲民。二是基于迎合性原则,提升民众的认同感。地方政府通过向公众说明自身采取的积极行为赢得其认同。2013 年,在上海"死猪事件"中,上海市政府通过对死猪来源问题的调查、对水质及疫病的监测及下阶段的常态化管理等方面都采取了措施,获得公众的认可(亢海玲,2014)。三是基于真实性原则,对政府与民众之间的信任关系进行重构。当危机或者传言发生后,地方政府在第一时间进行诚恳回应,避免"假大空"的套话,有效满足民众的信息需求,从而有效避免民众的信任下降。四是基于求是原则,对工作失误进行检讨致歉。当地方政府的行为未能达到群众的预期或者行为方法和方式出现问题时，可通过主动承认错误并道歉挽回民众信任度。2019 年广西河池市巴马瑶族自治县一座大桥开工 7 年，至今未能完工。当地政府对此进行了严格审查，并为自身工作失职进行道歉，承诺尽快完工，最终获得群众的谅解。争取自我宣传、讨好等是提升性印象管理常用的策略，旨在通过各种渠道让人了解自己的贡献及所取得的成果；而道歉、解释等行为是保护性印象管理常用的策略，旨在维护自身形象免受负面信息的损害。前者能有效提升地方政府信任，后者能避免地方政府信任在危机中下降。对此，本书提出以下假设：

H1：政府的提升性印象管理正向影响个体的地方政府信任，即提升性印象管理行为越强，地方政府信任度越高，反之则越低。

H2：政府的保护性印象管理正向影响个体的地方政府信任，即保护性印象管理行为越强，地方政府信任度越高，反之则越低。

4.2.2　政府印象管理与社会凝聚力

21 世纪以来，社会凝聚力减弱已经成为国际社会共同面临的问题，由此社会凝聚力问题受到国内外学者尤其是欧美学者的日益关注。2003 年，比利时通过发行"社会凝聚力"邮票，呼吁进一步加强个体之间的社会凝聚力。不同国家的政治学、经济学、社会学等学者分别从自身领域出发，探讨不同地区社会凝聚力问题。现有研究除了竞相开发社会凝聚力指标以外，还重点围绕社会凝聚力的影响因素展开了一系列的理论争辩与实证研究（李骏，2018）。当前，我国正处于社会利益关系的调整时期，尤其是互联网的发展，使得社会思想愈发活跃，人们的思想观念以及利益诉求日益多元（张永谊，2013）。极端化、情绪化、畸形化等不良思维方式与心态，不断蚕食着社会的凝聚力。与此同时，提升社会凝聚力的呼唤不断涌现。本研究认为，政府的印象管理策略能有效提升公众的社会凝聚力，原因如下。

首先，自 20 世纪 90 年代以来，中国的两极分化日益严重，城乡、东西、南北差异悬殊，社会利益格局严重失衡（李立周，2007），资源的分配呈现出集中化的趋势，社会形成了一个对部分群体的排挤与剥夺系统。被排挤者无法融入主流社会，导致社会纽带的断裂，社会凝聚力下降。已有研究表明，政府行为是社会凝聚力的风向标,群众对政府行为的认可度越高,社会凝聚力越强(黄溪,2015)。在两极分化的社会中,政府部门通过关注民生、公平,让群众感受到政府的关怀,共享改革和建设的成果,从而重塑社会凝聚力。

其次,提升性印象管理和保护性印象管理策略通过对信息和行为的调整,向群众更为真实、准确地传递政府部门的工作信息,建立具有公信力的权威政府。随着政府形象日趋亲民,政府行为日渐透明,也凸显了地方政府的公信与威权,是培育"社会凝聚力"的必要途径(黄溪,2015)。

由此,本书提出以下假设:

H3:政府的提升性印象管理正向影响个体的社会凝聚力,即提升性印象管理行为越强,社会凝聚力越高,反之则越低。

H4:政府的保护性印象管理正向影响个体的社会凝聚力,即保护性印象管理行为越强,社会凝聚力越高,反之则越低。

4.2.3　提升性—保护性印象管理策略比较分析

提升性印象管理是指试图使别人积极看待自己的努力所采取的行为,包含自我宣传、加强互动、榜样化等策略。保护性印象管理是指尽可能弱化自己的不足或避免使别人消极地看待自己的防御性措施,包含声明和解释等(杨伟,2013)。根据提升性印象管理的内涵和特征,目的是树立正面的组织形象,是以一种"亲民、负责"的预期形象,影响公众对政府的感知,增大理想结果的可能性(Pan et al.,2017)。在本研究中,表现为公众的社会凝聚力和对地方政府信任的提升。保护性印象管理策略的目标是降低信息不对称性,减少不实、不准确信息对政府形象的损害,进而避免社会凝聚力和地方政府信任降低(黄溶冰、陈伟、王凯慧,2019)。可见,提升性印象管理策略能向受众展现一种正面的形象(Tedeschi & Norman,1985),保护性印象管理策略则向受众传递一直压抑、脆弱的感觉。虽然这两者都正向影响公众的社会凝聚力和地方政府信任,但提升性印象管理策略的正面效应将显著高于保护性印象管理策略。

由此,本书提出以下假设:

H5:政府的提升性印象管理和保护性印象管理策略对社会凝聚力的影响存在显著差异,提升性印象管理的作用显著高于保护性印象管理。

H6：政府的提升性印象管理和保护性印象管理地方策略对政府信任的影响存在显著差异，提升性印象管理的作用显著高于保护性印象管理。

4.3　实验方法

实验是一种在高度控制的情况下，通过操纵某些因素，来研究变量之间因果关系的方法（吴建南，2004）。一般而言，实验的基本目的是决定两个变量之间是否存在因果关系（风笑天，2001）。实验研究包括实验室研究和自然实验（李怀祖，2004）。本研究采用实验室研究对假设进行验证。

4.3.1　实验研究的关键要素

（1）自变量。自变量是因变量发生的原因和前提。在实验研究中，自变量也是指实验刺激（stimulus），通过对实验刺激的操纵，观察其对因变量的影响。

（2）前测与后测。被试首先接受因变量的测试，即前测（pretesting），随后接受自变量的刺激，之后再接受因变量的测试（posttesting）。因变量的前后测差异被视作自变量的作用。研究者通过比较前测与后测的结果来比较自变量发生前和自变量发生后的结果变量的差异，反映实验刺激对因变量的影响。

（3）实验组和控制组。实验组（experimental group）是指在实验中接受刺激的组。控制组（control group）也称之为对照组，它的所有情况与实验组相同，但是对照组不接受实验刺激。控制组的作用在于与实验组进行对比，观察实验刺激是否对因变量产生真实的刺激（艾尔·巴比，2004）。

4.3.2　实验研究的分类

实验研究可以分为实验室研究和自然实验。在实验室研究中，各个因素都可以得到良好的控制，实验者可以清晰地观察到自变量对因变量的影响。但是正因为实验室研究对多方因素的控制，使得其结论的普适性大打折扣。在自然实验中，研究者可以在真实的环境中观察到实验刺激对因变量的影响。但是因为无法对多方因素进行控制，自然实验难以剥离出自变量对因变量的独立影响。可见不论是实验室研究还是自然实验都有其优缺点,因而在研究中需要权衡各方利弊,选择契合研究问题的方法,才能获得稳健的研究结论。

4.3.3 实验方法的发展历程

实验研究最先由自然科学应用,自 1924—1933 年的霍桑实验开始被应用于管理学研究。实验研究法大致可以分为四个阶段。

(1)19 世纪末至 20 世纪 50 年代。这个时期的实验主要以人或者工作为研究对象,旨在提高员工的工作效率或者积极性,解决管理中的实际问题,提炼出一些管理思想和原则。其中较为著名的实验包括梅奥的霍桑实验、泰罗的铲掘实验等。

(2)20 世纪 50 年代至 70 年代。基于以往实验研究,这一阶段的研究已逐渐总结出十分有用的管理原则和理论。与此同时,随着科学技术的发展,越来越多的先进手段被应用在实验研究领域,如计算机技术作为一种实验的模拟手段被引入。在这一阶段,著名的实验有 $X-Y$ 理论实验研究,韦伯的群体—个人决策绩效的比较研究等。

(3)20 世纪 80 年代至 90 年代。在这一阶段,跨国管理和战略管理研究逐渐受到重视。大量采用计算机模拟的管理实验软件被应用,但这些软件的运用尚未实现规模化。实验研究也从聚焦于个人和个体工作的角度逐渐转向关注组织和流程。

(4)20 世纪 90 年代至今。这一阶段的特点在于计算机和网络的飞速发展,以及随着技术发展为企业、政府等组织带来的高强度压力。同时,管理模拟软件被广泛运用,且不少软件基于互联网开发了模拟功能。用户足不出户就可以实现模拟(谢刚、万迪昉,2003)。

本实验遵循实验研究的三大准则:随机化(randomization)、复制(replication)和区集(blocking)进行设计。

4.4 实验开展

4.4.1 实验被试

在正式实验前,本研究进行了预实验,即将招收的 36 名被试分为 6 个小组，对以下因素包括实验前的问卷、实验分组、实验说明、实验程序等进行检验，判断其是否存在歧义，是否有效，是否有未控制因素等，并基于此解决了试测中出现的问题，为正式实验的顺利进行提供了保证。

在正式实验中，研究者首先在上海知名公众号上发布了实验的内容、时间和报酬等信息，招募对象为上海松江大学城的学生。经过一周的招募，依据报名的先后顺序选取了 360 名被试。依据被试选择的时间，将 360 名被试分为 60 组，每组 6 人，其中 20 组实施提升性印象管理策略、20 组实施保护性印象管理策略，另有 20 组作为控制组。正式实验当天，被试首先听取事先录制的实验指导语，了解实验的具体内容和过程，再由工作人员统一带到测试房间。

实验被试构成如表 4‑1 所示。其中男性 165 名，占总体实验样本的 45.8%，女性 197，占总体实验样本的 54.7%，基本符合现实情况下 1∶1 的男女比例，说明样本分布是均衡的。研究被试的年龄均值为 20 岁，最大为 27 岁，最小为 16 岁，符合青年人的样本特征，因此研究被试对象的选择是合理的。

4.4.2　实验材料

实验准备的材料如表 4‑1 所示。

表 4‑1　实验材料准备

项目	具体内容	数量
材料准备	IBM 电脑＋鼠标	六套
	打印机＋纸张＋墨盒	一台
	陈列摆设一致的房间	六间
	订书机＋钉子	一套
	矿泉水	每个房间三瓶
	纸巾	每个房间一包
	黑色水笔	一盒
	测试须知	每个房间一份
	前测问卷＋后测问卷	每一组六份，正反打印
	学生的名字、联系方式	多份
人员	主测＋助手三名	

4.4.3　实验设计

研究采用 QQ 作为实验平台,通过该软件的电脑版保留记录各种数据(包括发表观点、时间、频次)。实验设定为 90 分钟,每组实验 6 个被试。在实验开始前,由工作人员分发给被试前测问卷,问项包括地方政府信任和社会凝聚力(测量题项详见附录二)。当被试完成前测问卷后,再由工作人员回收问卷,随后由主测开始实施印象管理策略(具体策略详见附录三)。当主测实施完所有的印象管理策略后,由工作人员发放后测问卷,后测问卷的问项与前测完全一致。当被试完成后测问卷后,再由工作人员统一回收。

表 4-2　实验实施过程

阶段	实验内容
实验开始前	采用主观测量法,对地方政府信任等相关构念进行评价(采用 7 点打分法,7 分最高,1 分最低)
实验实施中	实验时间为一个半小时,以群为单位实施印象管理策略,记录群成员发表观点的轨迹
实验结束后	以群为单位,采用问卷法,问卷内容与前测一致

4.5　实验结果与分析

本研究采用 SPSS 进行数据处理,对各个假设进行统计检验。

研究对实验实施的印象管理策略进行操纵检验,确保实验策略实施的有效性。首先,采用独立样本 T 检验分析操纵组和控制组之间是否存在前测差异。其次,采用配对样本 T 检验,分析关键变量前测与后测之间的差异。如果实验组的前后测数据存在显著差异,控制组的前后测数据不存在差异则说明实验的策略是有效的。

图 4-1 为控制组社会凝聚力前后测比较图。结果显示,控制组被试社会凝聚力的前测($M=4.52$)与控制组的后测($M=4.60$)几乎无差异,且不具有统计意义上的显著性($p=n.s.$)。

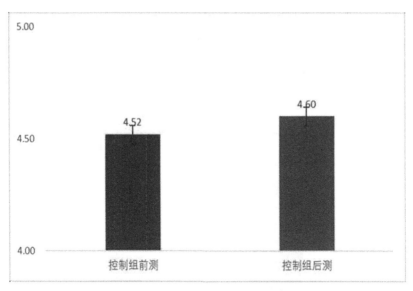

图 4 - 1　控制组社会凝聚力前后测比较图

图 4 - 2 为提升组、保护组与控制组地方社会凝聚力前测值。结果显示,提升组的前测(M=4.46),保护组的前测(M=4.43)与控制组的前测(M=4.52)几乎无差异,且不具有统计意义上的显著性(p=$n.s.$)。

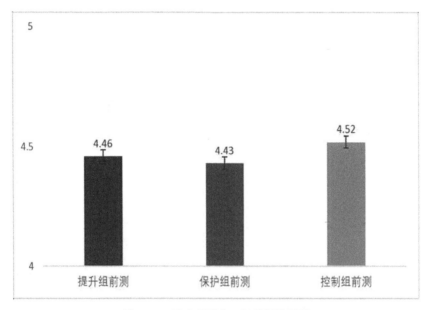

图 4 - 2　社会凝聚力三组前测比较图

图 4-3 为提升组与控制组社会凝聚力后测比较图。结果显示,提升组被试社会凝聚力的后测($M=5.34$),控制组的后测为($M=4.60$),存在显著差异,且这种差异具有统计意义上的显著性($p<0.001$)。

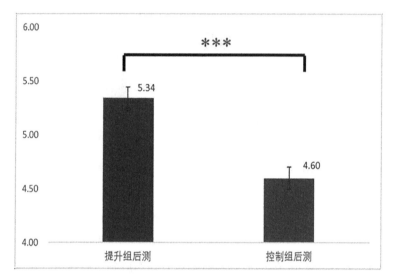

图 4-3   提升组—控制组社会凝聚力后测比较图

图 4-4 为保护组与控制组社会凝聚力后测比较图。结果显示,保护组被试社会凝聚力的后测($M=5.09$)与控制组的后测为($M=4.60$)存在统计意义上的显著性差异($p<0.001$)。

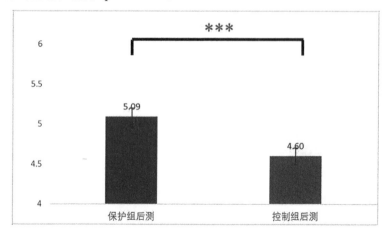

图 4-4   保护组—控制组社会凝聚力后测比较图

图 4-5 为提升组与保护组社会凝聚力后测比较图。结果显示,提升组被试社会凝聚力的后测(M=5.34)与保护组的社会凝聚力后测(M=5.09)相比不具有统计意义上的显著性(p=$n.s.$)。

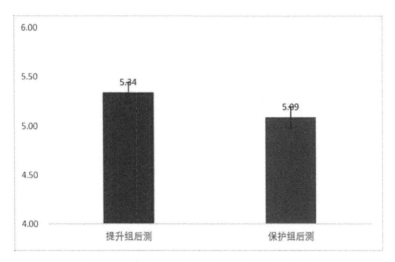

图 4-5　提升组—保护组社会凝聚力后测比较图

图 4-6 为控制组地方政府信任前后测值比较图。结果显示,控制组被试地方政府信任的后测(M=2.82)与前测(M=2.70)不具有统计意义上的显著差异(p=$n.s.$)。

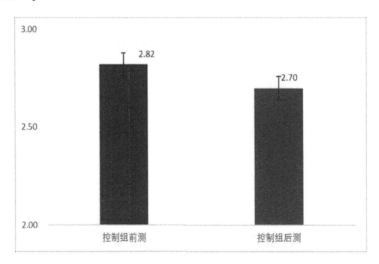

图 4-6　控制组地方政府信任前后测值比较图

　　图 4-7 为三组政府信任前测值。结果显示，提升组被试的政府信任前测（$M=3.07$），保护组被试政府信任的前测（$M=3.08$）与控制组政府信任的前测（$M=2.82$）相比不具有统计意义上的显著性差异（$p=n.s.$）。

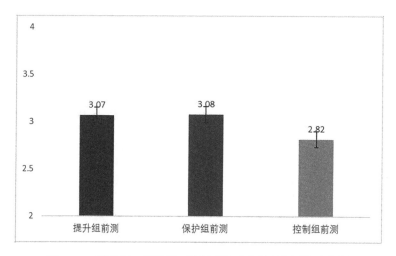

图 4-7　提升组—保护组—控制组组政府信任前测值比较图

　　图 4-8 为提升组与控制组地方政府信任后测值比较图。结果显示，提升组被试地方政府信任的后测（$M=4.30$）比控制组后测（$M=2.70$）提升了 59%，且这种提升具有统计意义上的显著性（$p<0.001$）。

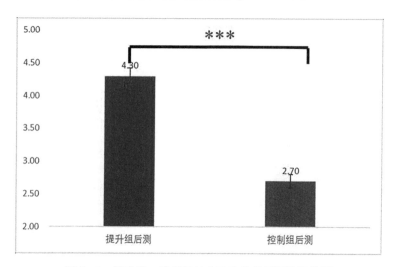

图 4-8　提升组—控制组地方政府信任后测值比较图

图 4-9 为保护组与控制组政府信任后测值比较图。结果显示,保护组被试政府信任的后测为 4.35,控制组为 2.70,保护组比控制组提升了61.1%,这种差异具有统计意义上的显著性($p<0.001$)。

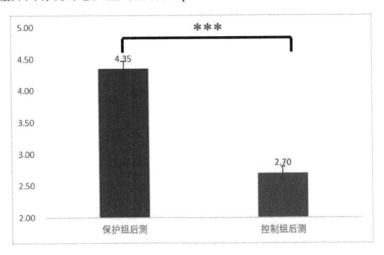

图 4-9 保护组—控制组政府信任后测值比较图

图 4-10 为提升组和保护组地方政府信任后测值比较。结果显示,提升组被试地方政府信任的后测为 4.30,保护组政府信任的后测为 4.35,两者不具有统计意义上的显著性($p=n.s.$)。

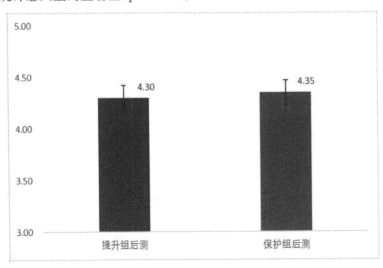

图 4-10 提升组—保护组地方政府信任后测值比较图

上述结果表明,实验组的社会凝聚力和地方政府信任水平显著高于控制组,说明印象管理策略确实起到了提升民众社会凝聚力和地方政府信任水平的作用,而提升性印象管理策略和保护性印象管理策略对公众社会凝聚力和地方政府信任的作用不存在差异。

本章提出的假设验证情况如表 4-3 所示。

表 4-3　假设验证情况表

假设	内容	验证情况
H1	政府的提升性印象管理行为正向影响个体的地方政府信任,即提升性印象管理行为越强,地方政府信任度越高,反之则越低	支持
H2	政府的保护性印象管理策略正向影响个体的地方政府信任,即保护性印象管理行为越强,地方政府信任度越高,反之则越低	支持
H3	政府的提升性印象管理策略正向影响个体的社会凝聚力,即提升性印象管理行为越强,社会凝聚力越高,反之则越低	支持
H4	政府的保护性印象管理策略正向影响个体的社会凝聚力,即保护性印象管理行为越强,社会凝聚力越高,反之则越低	支持
H5	政府的提升性印象管理策略和保护性印象管理策略对社会凝聚力的影响存在显著差异,提升性印象管理策略的作用显著高于保护性印象管理策略	不支持
H6	政府的提升性印象管理策略和保护性印象管理策略对地方政府信任的影响存在显著差异,提升性印象管理策略的作用显著高于保护性印象管理策略	不支持

4.6　结论与讨论

我国政府信任呈现出显著"央强地弱"的差序结构(Li and O'Brien,1996),公民对地方政府信任力不足,深刻地影响着社会发展进程。另一方面，我国的社会转型进入新阶段，不断加速的社会分化状态，加剧的社会冲突与矛盾，导致了社会整合力的不断弱化。尤其是，随着21世纪互联网迅速发展，在给我们生活带来便利的同时，也因大量信息难辨真伪、无序传播带来了负效应，网络传播的关于政府部分不恰当、不准确的信息混淆视听（张光、蒋璐，2006；张明新、刘伟，2014；卢春天、权小娟，2015）。面对"央强地弱"的差序政府信任格局，明确和谐社会的愿景，塑造一个亲民、负责任的政府形象，是重塑地方政府信任和社会凝聚力的关键。

本研究运用行为学实验方法，探讨了地方政府的印象管理行为对公众社会凝聚力和地方政府信任之间的因果关系。结果显示，提升性印象管理组和保护性印象管理组的社会凝聚力和地方政府信任水平显著高于控制组。这说明提升性印象管理策略和保护性印象管理策略都能起到提升群体社会凝聚力和地方政府信任度的作用。当地方政府采取印象管理策略时，其行为往往具有较高的信息透明度，传递的信息更为准确与详尽，能有效树立起一个亲民、有责任的政府形象，从而能提升群众的社会凝聚力和政府信任感。值得注意的是，提升性印象管理策略与保护性印象管理策略对社会凝聚力和地方政府信任的影响不存在统计意义上的显著差异。一个可能解释是，中国是一个具有威权主义文化的国家，传统塑造了人们内心对威权的崇拜和依赖，强化人们对政府权威的遵从和对政府行为的支持（吴结兵、李勇、张玉婷，2015）。政府部门作为一个权威机构，保护性印象管理行为可以被理解为其在危机后积极地展示事实，使事实与利益相关者接收到的信息"合一"，还原真相，正确处理（杨洁、郭立宏，2017），而这一管理行为的正面效应在威权主义文化价值环境中被放大，使得公众更倾向于认可并信任地方政府。因此，保护性印象管理策略和提升性印象管理策略对公众社会凝聚力和地方政府信任的作用在中国情境下将不存在显著差异。

本研究主要有以下三方面的理论贡献：第一，从印象管理理论，探讨了政府信任的影响因素。以往研究多从社会人口因素的作用、制度路径的作用、文化路径的作用三方面探讨政府信任影响因素，本研究从印象管理理论出发，分析了提升印象管理策略和保护性印象管理策略对政府信任的影响，从而拓展了已有研究的理论视野。第二，比较了不同印象管理策略对社会凝聚力和地方政府信任的作用差异。以往研究仅仅就不同印象管理策略对结果变量的作用进行探讨,本研究进一步分析了不同印象管理策略之间的差异,是对已有印象管理理论研究的有益推进。第三,以往政府信任和社会凝聚力的研究大多采用问卷调研法,本研究通过实验室研究的方法,不仅模拟了政府印象管理的情境,为实验室研究的内部效度提供了保障,也为在真实情境中开展后续研究奠定了基础,更验证了政府印象管理行为与政府信任及社会凝聚力之间的因果关系,弥补了现有政府信任和社会凝聚力研究偏重问卷研究的不足,对政府层面的策略行为研究做出了一个有益补充。

4.7　本章小结

本章基于 60 组实验研究数据检验了政府的印象管理策略对公众的地方政府信任和社会凝聚力的作用。研究基于现有文献,将印象管理策略细化为提升性印象管理策略和保护性印象管理策略。数据分析表明,上述两种策略均对公民的地方政府信任和社会凝聚力具有显著的正向影响,而提升性、保护性印象管理策略对地方政府信任和社会凝聚力的影响不存在显著差异。本研究聚焦地方政府行为策略的选择,从微观角度出发探讨政府信任和社会凝聚力的影响因素,对提升政府的社会适应性,建立、维持或修复在公众心目中形象具有积极的现实意义。研究也主要存在以下缺陷,一是未进一步揭示印象管理对地方政府信任和社会凝聚力影响的具体作用机制,即印象管理策略经由何种因素作用于结果变量还有待进一步探索;二是政府信任与社会凝聚力之间是否存在关联? 即完整呈现印象管理策略、地方政府信任和社会凝聚力之间的关系是需要进一步解决的问题。

第5章 印象管理对地方政府信任、社会凝聚力的作用机理分析

子研究二运用行为学实验研究法，探讨了地方政府的印象管理策略对公民地方政府信任以及社会凝聚力的影响，即政府的提升性印象管理策略和保护性印象管理策略都是民众政府信任和社会凝聚力的前因。但是我们还不知道政府的印象管理行为如何影响公众的政府信任以及社会凝聚力，政府信任和社会凝聚力之间是否存在关系？

5.1 问题提出

进入新时期，随着全球经济、文化和信息网络联系越来越紧密，各国之间的交流融合日趋深入，不同的思想观念也随之发生着剧烈的碰撞与博弈。在这一大背景下，世界各国都非常重视公众的社会凝聚力建设（黄溪，2015）。比利时发行了以社会凝聚力为主题的邮票；美国通过培育以个人自由为核心的主流文化以及公民权利认同为核心的政治文化来提升整体的社会凝聚力；日本则通过大力发展经济，社会动员来凝聚民心。在多元价值环境中，社会凝聚力作为一种基于个体的集体意识，不仅是一种社会的共同观念，更是理性且积极的共同行动力。这种力量对于促进社会发展成熟，维系国家发展，维护国家稳定具有重要意义。

那么，政府的印象管理如何作用于社会凝聚力？地方政府信任又在上述关系中扮演了何种角色？对此，本研究采用问卷实地调研法，检验了公民忠诚度在印象管理和政府信任及社会凝聚力之间的中介作用，并探讨了政府信任与社会凝聚力之间的关系，并采用SmartPLS统计分析软件，对提出的假设进行验证。

5.2　模型建构与研究假设

20 世纪 80 年代以来,大批海外中国问题研究者皆以"威权主义"范式来解释中国的政治(Voeglin,1999;Linz,1970)。然而随着中国政治的发展,已有的"威权主义"范式难以解释中国政治社会发生的变化,如政府采纳多元主体的意见、政策制定更加关注绩效等(Lieberthal & Oksenberg,1988;孟庆国、邓喆、杭承政、刘源浩,2016)。

本章根据以往文献研究,基于印象管理理论(Goffman,1959)、政府信任(Hetherington,1998;Miller,1974)和社会凝聚力研究(涂尔干,2009),构建了印象管理—政府信任—社会凝聚的理论模型。

5.2.1　政府印象管理与政治忠诚度

印象管理是通过信息的沟通与互动来维护或者改善组织在其利益相关者心中的形象(Leary & Kowalski,1990)。近年来的诸多研究表明,在经济社会转型时期的中国,基层政府领导表现出大量旨在管理自己在利益相关者心中形象(或印象)的行为(阎波、吴建南,2013)。政府的活动具有社会化的特征,不是一场"独舞表演",这意味着政府在完成工作的同时需要与其利益相关者互动。当行动者为了在特定对象面前提升自身的形象时,会倾向于使用提升性印象管理策略;为避免负面效应对自身印象的影响,会倾向于使用保护性印象管理策略。印象管理是关系互动过程中的基本组成部分,其本身并无好坏之分,这是因为它不仅仅是自身形象的管理,更是信息准确无误传递的方式和渠道。本研究认为政府的印象管理行为能提升公众的国家忠诚度,主要存在以下两方面的作用机制。

一是社会期望。政府行为符合社会对其的期望以及社会规范。地方政府积极推进治理体系和治理能力现代化,公众在共建共享的发展中,获得感显著提升。同时政府积极深化改革不断促进社会公平正义,形成有效的社会治理。公众置身其中,能够极大地触发其政治忠诚度(于铁山,2019)。

二是关系。政府工作人员很大程度上代表了政府形象。政府工作人员在与公众交流和互动的过程中,能够带给公众直观的感受和切身的体验,形成第一印象。如果这种印象遭到破坏,政府与公众的关系就会被扭曲或中断(赵金蕊,2008)。因此适当的印象管理行为,能改善政府与公众之间的关系,从而提升民众的忠诚度。为此本书提出以下假设:

H7:政府的提升性印象管理正向影响公众的政治忠诚度,即提升性印象管理行为越强,忠诚度越高,反之则越低。

H8:政府的保护性印象管理正向影响公众的政治忠诚度,即保护性印象管理行为越强,忠诚度越高,反之则越低。

5.2.2　政治忠诚度、地方政府信任与社会凝聚力

在文明社会中,没有一种品质比忠诚更为重要,也没有一种美德比忠诚更受国家、阶级或政党所重视(左高山、涂亦嘉,2018)。在对忠诚进行进一步研究之前,需对其概念进行准确界定。忠诚是人类的一种情感,是情感的强烈表达,是对社会群体的一种情感,而不是首先表达理性(Judith,1998)。澳大利亚国立大学詹姆斯·康纳教授提出,忠诚与个体的行为密切相关,是一种情感,而非认知(Connor,2007)。另有学者提出,忠诚绝对不仅仅是一种情感,而是受到自我控制的(乔西亚·罗伊斯,1908)。因此,他把"忠诚"界定为:"一个人对某项事业(cause)自愿的、实际的和彻底的奉献。"根据上述两种对立的观点可知,忠诚首先是一种正面的道德情感,但是它并不是一种普通的情感,只有当忠诚者能对效忠对象进行选择时,才能对忠诚的价值进行判断(左高山、涂亦嘉,2018)。

恩格斯认为,所有的道德都是经济发展状况的结果,而一定时期的政治忠诚也是当时社会存在的反映,具有鲜明的时代特征。中国传统政治忠诚观,起始于先秦,直至辛亥革命时期,主要是指以忠诚伦理道德为核心的政治忠诚的思想与行为的总和(梁涌,2002)。在中国传统政治忠诚观中,政治和道德融为一体,因此政治忠诚一定程度上反映了个体的政治情感、态度等。政治忠诚观处于不断更迭过程中,某种观点的式微意味着一个阶层、一种政治制度的衰落;而一种政治观念的确立,往往意味着新的政治力量的崛起。中国政治观念的变换更替是在相互批判、相互继承的过程中实现的,新的政治观念对原有政治观念有一定的继承性,甚至于前后连贯一致,其历史发展线索亦是"变中有不变"(徐霞、邵银波,2009)。政治忠诚观一旦形成,

就具有整合社会、提升社会凝聚力的作用。

政治忠诚的价值源于政治忠诚的对象,对于恶的忠诚是不道德的,也不存在价值可言,如纳粹对于希特勒的忠诚是不为认可的忠诚(孔特-斯蓬维尔,2008)。从本质上来看,政治忠诚需限定在一个特定的组织内部。对于个体而言,往往会出现对某些领导者或者政治组织忠诚的冲突问题。对于领导者个体的忠诚对现代政治文明是相左的。如果领导者忠于正义的政治事业、忠于正确的政治信仰。相应的,追随者也忠于此,那么这种忠诚便具有政治忠诚的特征。另一种便是对组织的政治忠诚,追求的是自我与组织的统一。在这种情况下,组织的利益高于个体,即便是组织利益与个体利益相冲突时,也应以组织利益为上。

探讨组织的政治忠诚过程中,需要进一步对组织进行分类。对于特定政党中的成员,存在对组织的政治忠诚。对于普通公民而言,国家是其政治忠诚的首要对象。在本研究中,我们主要探讨后者。公民对国家的忠诚与爱国主义紧密相关。第一种政治忠诚是指对国家无条件地热爱,对国家毫无异议,即便国家某些政策行为是低效的,也毫无怨言。第二种的政治忠诚是对国家有条件地热爱,会对国家发展中存在的问题以及未来的方向提出自己的观点与看法。可见,公民服从理性政治是忠诚的表现,同样的不服从不理性的政治也是忠诚的表现。总结而言,公民的政治忠诚并非无条件地全然服从,不是封闭的静态的,而是经过思考、互动的动态过程中得以建立和强化的。真正健全的政治忠诚,会在公民和国家之间建立真正的沟通和共赢,最终权利的落实与推进才能获得更得当、更有力的制度环境。

政治忠诚对国家具有重大的意义。一是全民合力,有利于国家竞争力的形成,能有助于国家屹立世界各国之林;二是具有政治忠诚的公民才会珍惜国家赋予的权力,为建设国家而奋斗,从而有助于我国政治体制的不断完善;三是有助于社会凝聚力的提升。政治忠诚度的提升有利于核心价值观的宣传,从而促进国家经济社会的共同发展,进而提升社会凝聚力。因此,在公民群体中倡导政治忠诚,具有重大的意义。依据客户忠诚度研究可知,个体的忠诚度受到组织提供的产品/服务的质量、服务效果、关系维护等因素的影响。由此,可以从提高政府的服务质量,积极开创社会主义和谐局面,积极宣传社会主义核心价值观等方面提升公民的政治忠诚度。

政治忠诚界定为一种政治美德,是基于某种政治关系或者信仰而言,意味着个体对政治事业、信念、理想、原则等的认同与奉献(左高山,2010)。政治忠诚度对政府信任与社会凝聚力的作用机制有以下两个方面:一是政治忠诚度越高的个体,更容易将政府宣传的核心价值观内化。我国公民的社会主义的核心价值观以爱国主义为基石,而政治忠诚度越高的个体对政府宣传核心价值观的认同度就越高,相应地内化程度就越高,个体的政府信任以及社会凝聚力就越强;二是国家的强大与发展是公众荣誉感的重要来源,政治忠诚度越高的个体国家荣誉的感受程度更强,因而个体对政府信任与社会凝聚力就越强。由此,本书提出以下假设:

H9:政治忠诚度正向影响社会凝聚力,即忠诚度越高,社会凝聚力越强,反之则越弱。

H10:忠诚度正向影响政府信任,即公民忠诚度越高,对地方政府的信任越强。

5.2.3　地方政府信任与社会凝聚力

当前,国内经济下行压力加大,社会发展面临着诸多困难,政府信任成为间接解读社会凝聚力变化的动态指标(黄溪,2015)。这一观点也受到中国社会科学院社会发展战略研究院在 2014 年底发布的《公众对政府的信任研究报告(2014)》的支撑。调查结果表明,公众的政府信任度与社会凝聚力呈现显著的正向相关关系。这种关系在地方政府层面尤为突出。这是因为地方政府在履行社会管理职能的过程中,更加直接地与公民产生联系,是政府"形象"的窗口,因此,公民对地方政府信任度越高,社会凝聚力越强。由此,本书提出以下假设:

H11:地方政府信任正向影响民众的社会凝聚力,即地方政府信任度越高,社会凝聚力越强,反之则越弱。

基于上述假设推演,本研究提出以下理论模型,如图 5-1 所示。

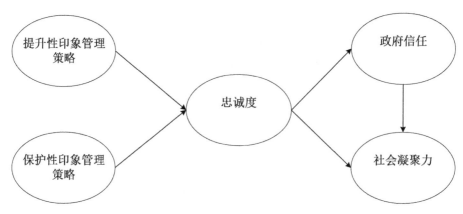

图 5‑1　研究理论模型

5.3　研究方法

5.3.1　问卷设计与预调研

1)问卷设计

针对本书的研究对象,问卷由两部分组成。第一部分调查人口统计数据,包括性别、年龄、受教育程度等。第二部分为研究的主题,包括印象管理策略、忠诚度、地方政府信任以及社会凝聚力。采用李克特(Likert)7 度量法,1 分、2 分、3 分、4 分、5 分、6 分、7 分分别代表"非常不同意""不同意""相对不同意""中立""相对同意""同意"和"非常同意"。本研究主要构念测度方法具体如表 5‑1 所示。

表 5‑1　研究变量及其测度指标

变量	指标	指标定义	参考文献
因变量	地方政府信任	公民对地方政府将运行产生与其期待相一致结果的信念或信心	高勇(2014);吴结兵等(2015)
	社会凝聚力	一个社会的成员之间依赖、合作以及团结的程度	Jenson(1998)

（续表）

变量	指标	指标定义	参考文献
自变量	提升性	组织为提升自身形象所做的一系列行为	Jones & Pittman(1982)；Nagy et al.(2011)；Bolino & Turnle(1999)；Andrews & Kacmar(2001)；Pan et al.(2017)左高山等(2010)
	保护性	组织做出的一系列行为是保护行为人不受负面事件的影响	
	政治忠诚	个体对政治事业、信念、理想、原则等的认同与奉献	

资料来源：本研究汇总整理

2）调研对象

本研究选择大学生为研究对象，主要有以下三方面原因：第一，大学生在中国发展历史上发挥着难以替代的作用，是推动社会进步与发展的核心力量。党的十九大报告指出，青年兴则国家兴，青年强则国家强。青年一代有理想、有本领、有担当，国家就有前途，民族就有希望。值得注意的是，国内外历次社会变革和重大社会事件中大多有大学生群体的身影，大学生是国内外政府信任和社会凝聚力的风向标（方曦、王奎明，2018），大学生对政府信任程度以及社会凝聚力的高低关乎未来中国的政治进程，更关乎未来中国的前途与命运（杜兰晓，2014）。第二，相较于其他群体，大学生在受教育水平、社会经验等方面有其特殊性。一是大学生群体整体受教育程度更高，对各种政治观点和社会思想更为敏感；二是大学生缺乏一定的社会经验，也更容易对各种新观点和观念做出反应；三是大学阶段是大学生世界观、人生观、价值观确立的关键时期，其可塑性依然较大。

3）开展问卷预调研

预调研是用设计完成的问卷开展小样本数据收集的工作，旨在验证测量工具的适用性与可靠性。本研究的预测试于 2018 年 8 月进行，调查个体均来自上海高校的学生。共收集 63 份问卷，去除 11 份不完整的问卷，最终有效问卷有 52 份，有效率为 82.6%。依据预调研的结果，本研究对问卷进行完善，对表述不清的题项进行完善，并删除部分不合适的题项。根据预调研的结果对问卷进行了修改、补充后，形成了正式问卷，并开展正式调研。正式问卷调研于 2018 年 11 月进行,以上海松江大学城的在校学生为调研对象,在线发放问卷,共回收 390 份问卷,其中有效问卷共 336 份,有效率为 86%。

5.3.2　数据初步分析

1)描述性统计

为了从整体上了解样本的特征以及主要研究变量的整体表现情况,本节对样本以及关键变量进行描述性统计分析。如图 5-2 所示,子研究三样本中 52% 的样本为女性,共计 187 名,男性样本占 48%,共计 173 名,样本性别比例基本合理,符合现实。

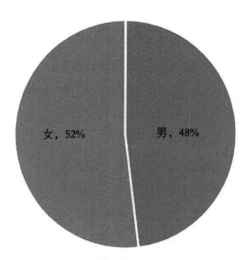

图 5-2　子研究三样本男女比例图

如图 5-3 所示,子研究三样本中年龄主要分布在 16 岁到 27 岁区间,其中人数最多的是位于 19 岁年龄段,共计 84 人,位列第二的是 18 岁年龄段,共计 67 人,位列第三的是 20 岁年龄段,共计 50 人,人数最少的是 27 岁,共计 1 人。样本年龄基本符合正态分布,年龄分布符合青年人的特征。

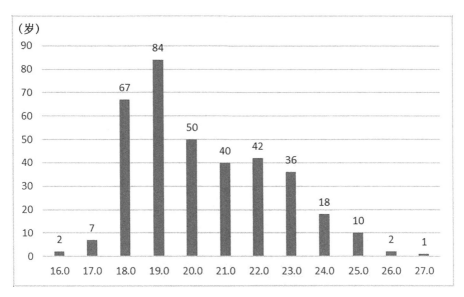

图 5‑3　子研究三样本年龄分布图

如图 5‑4 所示，子研究三样本中受教育程度主要为本科，共计 244 人，其次为硕士，共计 105 人，本科以下为 11 人，样本受教育程度基本符合现实。

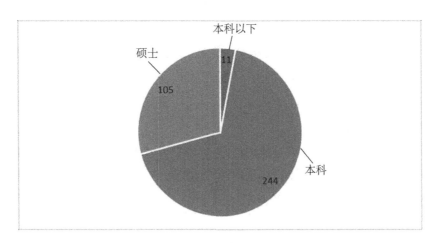

图 5‑4　子研究三样本受教育程度分布图

如图 5‑5 所示，子研究三中 12.8% 的样本为党员，86.9% 的样本为非党员。依据中央组织部统计数据显示，截至 2018 年底，中国共产党党员总量突破 9 000 万,占中国总人数的 7%,样本的党员比例略高于总体,这是因为该项调研是在大学生群体内展开。统计数据显示,中国现有党员中,超过八成的入党时间是 1978 年党的十一届三中全会以后,"80 后、90 后"党员占总数三分之一以上,拥有大专及以上学历的党员约占一半。因此,大学生队伍中党员的分布更为密集,因此样本党员分布仍在可接受的范围内。

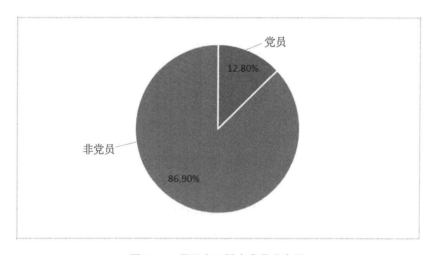

图 5 - 5　子研究三样本党员分布图

如图 5 - 6 所示,子研究三样本中家庭收入主要集中在 10 万～20 万元区间,共计 142 人,排名第二的为 10 万元以下,共计 131 人,20 万～30 万元区间共计 54 人,30 万～40 万元共计 24 人,40 万～50 万元共计 3 人,50 万元以上共计 6 人。

表 5 - 2 为本研究所有变量的均值、标准差以及 Pearson 相关系数矩阵。数据分析结果显示,样本个体的平均政治忠诚度水平为 6.17,地方政府信任水平为 5.03,社会凝聚力水平为 5.94。

2)相关性分析

在路径分析之前,先简单地分析回归涉及的所有变量。研究结果显示政府的提升印象管理策略和保护性印象管理策略与个体政治忠诚度、地方政府信任以及社会凝聚力都存在显著正相关关系;政治忠诚度与地方政府信任以及社会凝聚力存在显著的正相关关系;地方政府信任与社会凝聚力

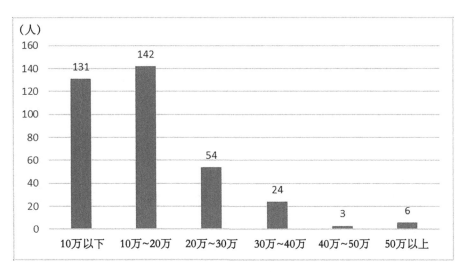

图 5 - 6 子研究三样本家庭收入分布图

也存在正相关关系。上述相关分析初步验证了本研究假设,后文将通过回归分析法对这些变量之间的影响机制做更为精确的验证。

3)结构方程模型

结构方程模型是社会科学中一个极为重要的分析方法,基于变量的协方差矩阵来分析变量之间关系的一种统计方法,是多元数据分析的重要工具。结构方程主要有以下优点:同时处理多个因变量;可同时估计因子结构及其关系;允许自变量和因变量含测量存在误差;容许更大弹性的测量模型;可估计整个模型的拟合程度(范柏乃,2008)。由于本研究存在多个因变量,且需要检验中介效应,因此选择结构方程模型进行估计。

表 5 - 2 子研究三样本中使用变量的均值、标准差与 Pearson 相关系数

序号	变量	*Mean*	*S.D.*	1	2	3	4	5
1	提升性印象管理策略	6.11	0.80	1.00				
2	保护性印象管理策略	6.61	1.19	0.25**	1.00			
3	政治忠诚度	6.17	0.71	0.45**	0.18**	1.00		
4	地方政府信任	5.03	0.94	0.23**	0.11*	0.28**	1.00	

（续表）

序号	变量	*Mean*	*S.D.*	1	2	3	4	5
5	社会凝聚力	5.94	0.78	0.43**	0.12*	0.63**	0.40**	1.00

注：$n = 336$；$** \ p < 0.01$，$* \ p < 0.05$

5.3.3　样本数据

1）共同方法偏差处理（common method bias）

共同方法偏差是因为相同的数据源或者同一时间来自同一评分者的数据所造成的自变量与因变量之间的人为共变（Podsakoff，MacKenzie，Lee & Podsakoff，2003）。这种人为的共变是一种系统误差，会严重混淆研究结果，并容易误导结论。共同方法偏差广泛存在于心理学、行为科学研究中，尤其是采用问卷法的研究中。为了避免共同方法偏差问题，本研究采取了 Podsakoff et al.（2003）的建议，保证问卷填写者的匿名状态，且将自变量和因变量分开分布，这在程序上最大限度地降低共同方法偏差。随后，本研究对数据进行了检验。第一，研究采用了 Harman's 单因子方差分析（Podsakoff et al.，2003）。经过未旋转的因子分析，结果显示单一因子的解释度小于 50%（为 36.5%），这说明自变量和因变量之间不存在共变关系（Doty & Glick，1998；Fuller，Simmering，Atinc，Atinc & Babin，2016）。第二，研究运用结构方程法，开展了单一因素模型的分析。结果显示，卡方为 1629（$df = 135$，卡方/$df = 12.07$，$P = 0.000$）；$RMSEA = 0.18$，$CFI = 0.51$；$TLI = 0.38$。这说明单一因子的模型并没有与数据形成良好的匹配（Bentler & Yuan，1999；Hu & Bentler，1999）。进一步地，研究又进行了验证性因子分析，结果显示卡方为 368.62（$df = 125$，卡方/$df = 2.95$，$P = 0.000$）；$RMSEA = 0.07$，$CFI = 0.92$；$TLI = 0.90$。前一个结构方程模型与后一个结构方程模型存在显著差异，这说明原有数据不存在共同方法偏差问题。

2）信度检验

个别项目的信度（individual item reliability）是指问卷的可信程度，检验结果的一贯性、一致性、再现性和稳定性由其展现。信度检验是为了判断在不同时间对同批被调查者实施重复调查时，问卷测量的同一个概念的评价结果是否具有一致性。本研究利用信度值检验量表的内部一致性程度。依据 Nunnally(1987)的标准,信度检验的临界值为 0.7,当测量变量小于6个时,信度大于 0.6 即可表明量表是可靠的;当测量变量大于 6 个时,信度值应不低于 0.7。本研究中涉及的各变量的信度值如下表所示,各项指标均在0.7以上,说明信度较好。

　　潜在变量的组成信度(composite reliability,CR)是指构念内部变量的一致性。若潜在变量的 CR 越高,则说明测量题项是高度相关的,都在衡量同一个潜在变量。一般而言,CR 的值需要大于 0.7(Hair et al.,1998)。在本研究中,潜在变量的组合信度值均大于 0.8,说明本研究的构念具有良好的内部一致性。

表 5-3　本研究各构念信度表

序号	变量名	信度值	组合信度
1	提升性群印象管理策略	0.77	0.84
2	保护性群印象管理策略	0.79	0.89
3	忠诚度	0.83	0.87
4	政府信任	0.89	0.87
5	社会凝聚力	0.74	0.93

3)效度检验

　　量表是为了测量某个构念而发展的,而这个量表能否准确度量某个构念,称之为量表的效度(validity)。为了表明量表是具有效度的,需要做效度检验。依据美国现行的《教育和心理测试标准》(Standard for Educational and Psychological Testing),效度可以分为内容效度(content validity)、内部结构效度和关系效度,关系效度又分为聚合效度和区分效度。

　　内容效度。包含三个方面:第一,所测量的内容是否充分并且准确地覆盖了想要测量的目标构念;第二,测量的指标是否具有代表性;第三,问卷的形式和措辞对于被调查者而言是否恰当,是否符合情景以及当地文化背景与用语习惯(罗胜强、姜嬿,2014)。本研究采取专家判断法来检验内容效度。研究建立了问卷检查小组,由一名管理学教授、一名管理学副教授和两名管理学博士后组成。上述成员均参与了量表的制定与构建。由问卷检查小组的成员对每一个测量指标进行逐一分析,判断测量条目是否符合他们对这一构念的认知。随后对有争议的地方进行讨论,最终达到一致,保证了本研究中所有量表的内容效度。

　　结构效度。是指用测量工具所得到的数据结构是否与我们对构念的预期结构相一致。数据结构是指构念是单一维度的还是多维度的。因子分析是判断内部结构效度的主要工具。因子分析分为探索性因子分析和验证性因子分析。虽然探索性因子分析主要用于量表开发阶段,但如果对构念结构有预期,那么探索性因子分析所得到的因子结构与预期的结构完全一致,也可以视作量表内部结构效度的证据。在进行探索性因子分析之前,研究首先对各个构念进行了 KMO 检验。只有构念的 *KMO* 值大于 0.6,才能进行进一步的因子分析(Pallant,2010)。结果如表 5-4 所示,本研究中的 5 个构念的 *KMO* 值均大于 0.6,说明可以进一步进行因子分析。

表 5-4　KMO 和 Bartlett's 检验

构念	*KMO*	*Approx.* χ^2	自由度	显著性
提升性群印象管理策略	0.62	399.58	3	0.000
保护性群印象管理策略	0.70	305.31	3	0.000
忠诚度	0.76	579.83	6	0.000
地方政府信任	0.82	838.432	6	0.000
社会凝聚力	0.61	549.47	6	0.000

　　本研究构念的因子分析结果如表 5-5 所示,每个条目的因子载荷均大于 0.5,最小因子载荷为 0.55,最大的因子载荷为 0.90,说明具备良好的结构效度。

表 5-5　本研究各构念的因子载荷表

潜变量	测量条目	因子载荷
社会凝聚力	我非常热爱我们的祖国	0.85
	我为我是中华民族的一员感到自豪	0.86
	我认为社会成员之间乐意相互帮助	0.72
	我认为社会中的每一个成员都是平等的	0.55
地方政府信任	我认为政府愿意听取老百姓意见	0.83
	我认为现在政策主要还是为老百姓考虑的	0.87
	我认为现在老百姓的利益可以得到切实保护	0.88
	我认为政府处理事情是公道恰当的	0.88
忠诚度	我不会为了自己的利益而损害大众的利益	0.87
	我不会为了自己的利益而损害其他人的利益	0.75
	我的行为符合社会规范	0.82
	我力求自身的行为能维护社会形象	0.83
提升性印象管理策略	政府部门会向社会公众传达关怀	0.90
	政府部门向社会发布的宣传是生动亲切的	0.90
	政府部门会在节日期间向公众发布节日祝福消息	0.68
保护性印象管理策略	政府部门会及时告知群众风险因素	0.83
	政府部门能对社会上的虚假信息予以澄清	0.90
	当政府工作人员做出与政府形象不符的行为时,会被公开批评、处罚	0.78

　　聚合效度。在关系效度中,聚合效度和区分效度是最常用的两大指标,最早由 Campbell 和 Fiske(1959)提出。这两位学者提出用"多质多法矩阵"(multi-traits multi-methods matrix,MTMM)法来验证构念测量工具的效度。在多质多法检验中,需要用不同方法对两个或两个以上的特质进行测量,相应地可以得到一个用多种方法测量多个特质的 MTMM 矩阵。在这个矩阵中聚合效度是指用不同方法测量同一特质的相关系数应该比较高。

　　区分效度。是指用不同方法测量不同特质的相关系数应该比较低。由表 5-6 可知,各个构念的 AVE 值均大于构念间的共变异值,具备区别效度。

表 5 - 6　Fornrll-Lacker Criterion

序号	变量名	1	2	3	4	5
1	社会凝聚力	0.75				
2	忠诚度	0.66	0.81			
3	提升性印象管理策略	0.46	0.49	0.83		
4	保护性印象管理策略	0.23	0.41	0.54	0.84	
5	政府信任	0.39	0.28	0.21	0.13	0.87

说明：对角线是 *AVE* 的开根号值，非对角线为各构念的相关系数。此值若大于水平列或者垂直列的相关系数值，则代表此构念具备区别效度。

5.4　实证结果

5.4.1　数据分析方法

偏最小二乘法（partial least squares，PLS）是一种新型的多元统计数据分析方法，于 1983 年由 S.Wold 和 C.Albano 等人首次提出。偏最小二乘法实现了在一个算法下，可以同时实现回归建模（多元线性回归）、数据结构简化（主成分分析）以及两组变量之间的相关性分析（典型相关分析）。目前，越来越多的学者开始重视这一计算方法，呈现增长趋势。PLS 在克服多重共线性、解决小样本问题、多因变量问题上具有独特的优势。SmartPLS 是所有 PLS－SEM 分析的主力，SmartPLS 软件是目前在众多领域应用广泛的软件，具体包括管理学、市场营销、组织行为学、信息系统等领域。本研究运用 SmartPLS 软件对假设进行验证。

5.4.2　数据分析结果

如图 5 - 7 所示，提升性印象管理策略正向影响民众忠诚度（$\beta=0.384$，$p<0.001$），说明 H7 得到验证；保护性印象管理策略正向影响民众忠诚度（$\beta=0.384$，$p<0.05$），H8 得到验证；忠诚度正向影响社会凝聚力（$\beta=0.594$，

$p<0.001$），H9 得到验证；忠诚度正向影响地方政府信任（$\beta=0.276$，$p<0.001$），H10 得到验证；地方政府信任正向影响社会凝聚力（$\beta=0.221$，$p<0.001$），H11 得到验证。本子研究的假设验证情况如表 5 - 7 所示。

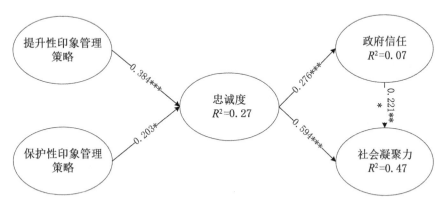

图 5 - 7　模型路径系数图

表 5 - 7　本章假设验证情况表

假设	内容	验证情况
H7	政府的提升性印象管理策略正向影响忠诚度，即提升性印象管理行为越强，民众的忠诚度越高，反之则越低	支持
H8	政府的保护性印象管理策略正向影响忠诚度，即保护性印象管理行为越强，忠诚度越高，反之则越低	支持
H9	忠诚度正向影响社会凝聚力，即民众忠诚度越高，社会凝聚力越强	支持
H10	忠诚度正向影响地方政府信任，即民众忠诚度越高，对地方政府的信任越强	支持
H11	地方政府信任正向影响民众的社会凝聚力，即地方政府信任度越高，社会凝聚力越强，反之则越弱	支持

5.5 结论与讨论

为了检验政府印象管理行为与政府信任、社会凝聚力之间的整体模型，本章综合运用印象管理理论、政府信任理论、社会凝聚力理论，运用调研获得的 336 份数据，探讨了上述关系。数据分析结果表明，政府的提升性印象管理策略和保护性印象管理策略均正向影响公民的忠诚度，忠诚度正向影响公民的社会凝聚力和地方政府信任水平，而地方政府信任水平会正向影响社会凝聚力。本章所有假设都得到了验证。

本书的研究结论为促进转型时期中国政治社会的健康发展提供了启示。政府的印象管理行为对公民的地方政府信任和社会凝聚力不仅具有直接的正向作用，也将通过政治忠诚度这一政治心理变量发挥作用。本书的结论意味着适当的印象管理行为具有显著的积极作用，因此，采取相关措施实现政府与公民之间的信息对称，规范政府行为显得极为重要。第一，需要改变传统的政府绩效观，不再仅仅以经济绩效论英雄，而是需要关注公民对政府的满意度，将"以人为本"的服务宗旨具体量化为政府绩效考核的指标（韩兆柱、何雷，2016），塑造人民"信得过"的政府形象。第二，要提升地方政府公共产品和公共服务的供应水平与能力，建立公共产品和公共服务的多元合作机制，形成社会共同治理模式，力争做到信息对称，以满足多样化的公共需求。第三，对于与政府相关的不真实信息，需要及时辟谣；对于损害政府形象的行为要及时惩处，维护政府的正面形象。值得注意的是，政府在实施印象管理行为过程中，需要注意印象管理可能存在的负面效应，相反会弱化公众对政府的信任感（陈丹超，2018），如过度放大政府政绩、对负面信息解释过程中的避重就轻等。因此，政府在行动过程中不要戴错"面具"，让印象管理发挥最大的积极作用。

此外，本书还发现地方政府信任正向影响公民的社会凝聚力水平。政府的行为直接体现了政府部门职能履行与公共服务供给的情况，也是公民对政府进行评价的直观依据。政府行为越能符合民众的预期越有利于公民政治信任的提升，越能提升公民的社会凝聚力。

第6章 研究结论与讨论

本研究基于印象管理理论、政府信任和社会凝聚力相关研究,详细分析了地方政府信任和社会凝聚力的影响因素,探讨印象管理策略对地方政府信任和社会凝聚力的作用机制,并构建印象管理策略、地方政府信任以及社会凝聚力之间的理论模型。在非传统安全研究领域建构了"管理策略—主观认知—行为反应"的理论模型,拓展了非传统安全研究领域,发展了非传统安全的理论研究,具有一定的理论探索意义。第1章为绪论,主要介绍本论文的研究背景、研究意义、研究方法、技术路线,并在现实观察与理论回顾的基础上,提出三个主要研究问题。第2章主要是回顾国内外相关研究,并进行述评。论文对非传统安全和社会安全、印象管理研究、社会凝聚力研究以及政治忠诚度研究进行综述,并评述已有研究取得的成功与存在的不足,在此基础上,提出未来相关研究的发展方向,从而引出本研究的思路。第3章基于现实和理论研究,提出整体分析框架。第4章依托二手数据库和访谈资料,呈现当前我国政府信任和社会凝聚力的现状以及存在的问题,并对可能的影响因素进行分析。第5章运用行为学实验法,重点分析政府的印象管理策略与公众社会凝聚力和地方政府信任之间的因果关系,运用问卷数据探讨印象管理策略对社会凝聚力和政府信任的具体作用机制。第6章在总结全书主要研究结论的基础上,进一步提出研究的政策启示,为提升公民对地方政府的信任度、强化社会凝聚力,进而为维护社会安全提供思路,最后研究针对存在的不足,对未来的研究提出展望。

6.1 主要结论

子研究一首先借助二手数据库——世界价值观调查数据库和中国综合

社会调查数据库呈现了中国公民的地方政府信任和社会凝聚力的基本情况。数据分析显示,当前中国公民对政府的信任呈现"央强地弱"的差序格局状态,公民普遍信任中央政府,对地方政府的信任度较低,而社会凝聚力呈现一个非稳定状态。因此,厘清影响公民地方政府信任和社会凝聚力的影响因素显得至关重要。对此,研究进一步对公民进行访谈,并对访谈资料依据扎根理论分析。研究通过对45名在校大学生、10名政府工作人员以及10名社区居民的访谈,基于理论研究与现实素材,结合理论分析和扎根理论编码,提出了影响地方政府信任的三大因素——政府绩效因素、政府信息沟通因素和个体因素,社会凝聚力的两大影响因素——政府行为和社会心态,并进一步构建了公民地方政府信任和社会凝聚力的影响因素模型。

子研究二基于60组实验研究数据检验了政府的印象管理策略对公众的地方政府信任和社会凝聚力的作用。研究基于现有文献,将印象管理策略细化为提升性印象管理策略和保护性印象管理策略。数据分析表明,上述两种策略均对公民的地方政府信任和社会凝聚力具有显著的正向影响,而提升性和保护性印象管理策略对地方政府信任和社会凝聚力的影响不存在显著差异。

子研究三基于336份调研问卷,检验了地方政府印象管理与公民政府信任、社会凝聚力之间的整体模型。数据分析结果显示,提升性印象管理策略和保护性印象管理策略均正向影响忠诚度,忠诚度正向影响地方政府信任以及社会凝聚力水平,公众的地方政府信任水平正向影响社会凝聚力。数据结果表明,忠诚度在印象管理策略和政府信任及社会凝聚力之间起到中介作用。

6.2　理论贡献

随着社会的不断发展,经济全球化趋势的加快,信息化浪潮的出现,这一切对新时期的地方政府如何行为提出了新的要求。而由于信息不对称以及缺乏政府正确引导而导致的公众对政府的误解已屡见不鲜,这种误解正严重地侵蚀社会安全。如何维护社会安全成为新时期研究者和实践者关注且迫切需要解决的问题,这也是当前非传统安全领域关键、核心的研究问题之一。基于此,本书分析了政府的印象管理行为对地方政府信任和社会凝聚力水平的影响及其作用机制,在此,总结了以下三点理论贡献。

(1)本书探索了政府印象管理和地方政府信任的作用机制。本书将政府印象管理行为、政治忠诚度和地方政府信任联系起来,探究了政治忠诚度的中介作用。当前,政府印象管理行为和政府信任的关联性的研究得到了一定的关注,但是这些研究呈现较为明显的碎片化特征,主要探讨政府的某一印象管理行为,缺乏对地方政府信任影响机制的系统研究。因此,针对这两者的关联性假设,本书开展了实证研究,并对其进行了精细化的研究设计,以期利用印象管理来解释地方政府信任系统,以及基于政治心理的角度解读地方政府信任度提升。本研究将政府的印象管理行为作为自变量,并将其细化为提升印象管理策略和保护性印象管理策略,将地方政府信任作为因变量,构建了一个地方政府印象管理行为影响政府信任的综合性分析框架,系统地讨论了印象管理行为影响地方政府信任的作用机制,在新时期为地方政府的行为提供可行的参考。

(2)本书构建了政府印象管理行为、政府信任和社会凝聚力的完整框架。本研究结果表明:地方政府的提升性印象管理行为和保护性印象管理行为均正向影响了地方政府信任,且两种印象管理行为对地方政府信任的影响不存在显著差异,而地方政府信任正向影响公民的社会凝聚力。由此,依从“管理策略—主观认知—行为反应”的研究逻辑,本书将政府印象管理行为、地方政府信任和公民的社会凝聚力联系起来,构建了一个政府印象管理行为影响政府信任和公民社会凝聚力之间的“长链条”关系,从而完整揭示了地方政府信任的“前因后果”。

(3)本书采用混合研究法,研究结果相互印证、补充,有效地提高了研究结果的可重复性与稳定性。通过二手数据分析、扎根理论编码、行为学实验和问卷研究四种研究方法,探究了“政府印象管理行为如何影响地方政府信任与社会凝聚力”这一问题,响应了当前研究对采用不同研究方法的独特优势,从不同角度论证本书的研究问题的呼吁(Battilana & Lee,2014),系统地论证了政府印象管理行为对地方政府信任和社会凝聚力的作用机制,从而使研究结论稳健可靠。具体而言,子研究一首先借助二手数据库,呈现了地方政府信任的现状,再通过扎根理论编码,厘清影响地方政府信任的因素,为后续第4章、第5章的定量统计分析提供了必要的经验基础。子研究二运用行为学实验法,探究了印象管理行为与地方政府信任之间的因果关系,从而在方法论上对现有研究做出了一个有益的补充。同时,子研究三的问卷统计分析,揭示了政治忠诚度的中介作用,进一步揭示了印象管理行为的作用机制,进一步推动该领域理论研究的发展。

6.3　政策启示

社会安全关系着一个国家的生存与发展,尤其是随着互联网的发展,对社会安全产生了重要的影响和冲击(刘普,2012)。针对这一现象,本研究基于印象管理理论开展了三个子研究,并为提升公民政府信任和社会凝聚力提出了以下政策启示。

6.3.1　重视政府信任和社会凝聚力在非传统安全领域的意义

从现实意义看,社会安全是国家安全观的关键组成部分。政府信任作为政府执政的心理基础,反映出政府在多大程度上得到了公民的认可,是政府执政的合法性的体现(Fukuyama,1995;游宇、王正绪,2014)。此外,政府信任影响着政府公共政策制定和执行的社会成本(Fukuyama,1995;游宇、王正绪,2014),因而政府信任的重要性日益显著。作为维系国家统一和社会团结的纽带,社会凝聚力也是社会和谐程度的重要指标之一。当公众的社会凝聚力越强,彼此之间的使命感和团结合作精神越强,该社会的和谐程度越高(王琪,2016)。可见,政府信任和社会凝聚力对政治稳定和政治体系的顺利运转具有重要意义(李艳霞,2014)。因此,提升民众的政府信任和社会凝聚力对维护国家社会安全意义重大。因而,政府部门要将公民的政府信任和社会凝聚力放在至关重要的位置上,致力于提升公民对地方政府的信任度与社会凝聚力。

6.3.2　提升公民政府信任的相关策略

地方政府面临着制度与自身能动性之间的冲突与矛盾,这是由于中央政府与地方政府间"条块关系",导致基层政府面临多重目标冲突、限制了地方政府的主观能动性。地方政府面临自上而下"层层加码"的发包压力,与此同时与公民之间形成的信息不对称局面又使其面临自下而上日益高涨的公民的诉求与偏见,似乎使得自身陷入了一个"两难"的境地。尤其是随着中国特色社会主义进入新时代,我国社会主要矛盾已经从"人民日益增长的物质文化需要同落后的社会生产之间的矛盾"转化为"人民日益增长的美好生活需要和不平衡不充分的发展之间的矛盾"①。随着我国经济社会的快速发展,经济绩效对提升公民政府信任的作用开始逐渐降低。孟天广和杨明(2012)的研究也验证了上述观点,经济绩效的客观增长对公民的政府信任已不存在显著提升作用。唯"GDP"论已不再是维持自身合法性的唯一条件。公众对政府的评价将由"结果绩效"向"过程绩效"转变,更聚焦于政府在结果绩效产出过程中的表现与行为(李勇,2019)。子研究二表明,政府的印象管理行为能有效提升公民对地方政府的信任度,且提升印象管理策略和保护性印象管理策略对公民的政府信任度不存在显著差异,说明地方政府可以合理运用两种策略实现自身印象管理,从而达到提升公民地方政府信任度的目标。

(1)提升性印象管理策略。首先,地方政府可以用各种形式向公民传递关怀。如在节日期间向公民传达节日祝福,如在春节期间举办各类迎春活动,渲染节日氛围,用较有吸引力的语句作为新闻并适时更新,以吸引公民的注意力;对困难群众进行慰问,解决群众的难题;其次,通过塑造生动亲切的政府形象,拉近地方政府与公民之间的距离。作为传统新闻媒体报道渠道的有力补充,地方政府可以通过建立政务微博、微信公众号等,作为政府与民众的沟通渠道,更全面地倾听民意,增强回应能力。在宣传内容上,选择的话题贴近群众、传播符号采取生动形象的表情包或者短视频,着力塑造服务、亲民、奉献的政府形象。再者,设立更多便民措施,重视民众对公共服务的体验,这既要注重民众对公共服务内容的体验,也要注重公共服务所引起的情绪和情感唤醒(李勇,2019)。如浙江省政府推出的"最多跑一次"改革,通过创新服务模式,实现"一窗受理、集成服务、一次办结",实现企业和

---

① http://opinion.people.com.cn/n1/2017/1116/c1003－29648734.html.

群众到政府办事"最多跑一次"的行政目标。通过打造"服务型政府",为企业和群众全程服务和长效服务的工作机制,明确各部门的工作职责,实现政府服务模式制度化、规范化、程序化,防止互相推诿、"踢皮球"事件的发生。

(2)保护性印象管理策略。首先,互联网的兴起虽有效拓展了民意表达的渠道,但是也给政府部门提出了更为严峻的挑战。尤其是公共危机发生后,各种不实消息甚至是谣传在网络的传播效应下被无限放大,抢占了公民对信息的需求先机,导致公民开始怀疑政府行为与形象,损害政府信任,甚至引发一些集体行动(马得勇、孙梦欣,2014)。对此,地方政府需要有力监管网络舆论,有效应对网络群体性事件。一方面,政府部门需要通过已有渠道,对不实、虚假消息进行澄清,准确及时地传递消息,保证信息的公开透明,防止虚假消息的波及范围扩大,造成"多米诺骨牌"效应(尹保红,2010)。另一方面,地方政府需要对各种严重危害社会安全和稳定的谣言散布者进行及时惩处,防止谣言的进一步扩散。

其次,应规范政府工作人员的行为,当政府工作人员做出与政府形象不符的行为时,做出公开批评、处罚。政府部门应通过对政府工作人员伦理意识的提升来规范其行为。一是树立公平观和正义观,尽可能排除一切可能造成不平等或偏见的因素,尽最大可能在社会成员之间进行公平分配;二是树立权责并重的观念,最大限度地防止权力滥用的出现;三是树立行政法制观念,通过培育政府工作人员的法治意识,遵循恪尽职守、遵纪守法的行为准则。通过完善政府工作人员行为的监督机制,及时处理公民反映的情况,对政府工作人员真实存在的违规行为进行惩处。

再次,推进政府信息公开。为了提高政府信任,积极促进政府信息公开是一个关键措施。自2008年以来,《政府信息公开条例》的施行也说明了政府对信息公开重要性的认可,且信息公开的主体由2008年的县级以上各级人民政府及其部门、公共企事业单位、社会公益事业单位,逐渐扩大到各地区各部门、公共企事业单位特别是医院、学校、公交、供水、供电、供热等涉及民生的单位;基金会、公益慈善类社会团体,扩大至2018年的行政机关、各地区和国务院有关部门,可见政府信息公开的范围不断扩大。当前,互联网技术的高度发达,隐藏信息一来显得并不可行,二来公民一旦发现信息失真,必然引致对地方政府更大的不满与不信任。一个阳光透明的政府显然比一个隐藏信息的政府更能获得民众的认可。因此,地方政府要注重发布信息的真实性、客观性、及时性和准确性,保障决策过程的透明度和公正性。

6.3.3 提升公民社会凝聚力的相关策略

国外学者对社会凝聚力的重视程度越来越高,社会凝聚力对中国这样一个处于转型中的国家具有更为重要的理论和实际意义。子研究一依据对公民社会信任度、社会资本满意度和自组织能动性的数据分析可知,社会信任度和自组织能动性呈现上升趋势,而公民的社会资本呈现下降趋势,说明公民的社会凝聚力处于一个非稳定状态。本章通过分析得出,为进一步提高中国公众的凝聚力,政府部门需要着手于以下几个方面。

一是改善信任环境,实现社会的普遍信任。信任具有文化特殊性,根植于我国的儒家传统文化中,使得人们会对部分群体(亲人、朋友和邻居)产生信任感,形成特殊信任(张康之,2016)。特殊信任一旦形成,在短期内难以实现转变(韩兆柱、何雷,2016)。当前中国处于普遍信任[①]和特殊信任共存的状态中,普遍信任度越高,公众的社会凝聚力越强;特殊信任度越高,社会凝聚力越弱(刘米娜、杜俊荣,2012)。子研究一通过对 CGSS 数据库的分析可知,中国公民对陌生人普遍存在不信任感,这种心理对社会凝聚力存在负效应。因此地方政府在社会管理中,需要持续扩展普遍信任,消除特殊信任的消极影响,如可以通过建立各式行政法规规避各种失信行为,建立鼓励机制,引导人们走出特殊的信任圈,鼓励其积极参与社会互动,形成普遍信任的社会氛围(韩兆柱、何雷,2016)。

二是增加公民社会资本的积累。社会资本理论提出,参与正式或者非正式组织,能提升公民之间的信任程度并形成互惠互利的道德规范(王臻荣、任晓春,2011)。由子研究分析可知,公民的自组织参与呈现上升趋势,政府需要进一步提升公民社会组织和政治生活的参与度。一方面,地方政府需要完善公民的参与机制,为公民提供良好的制度环境和实践渠道(韩兆柱、何雷,2016)。另一方面,政府应重视社会组织的影响力,通过对社会组织的鼓励发展,吸纳各方社会力量参与,实现社会资本培育的作用。与此同

---

① 普遍信任与特殊信任相对,包括对陌生人的信任、对政府的信任等。

时,政府也应通过积极培育社会组织发展,引领社会组织发挥优势,助力社会组织长效发展,进而变革政府与社会组织关系,实现从依附关系向契约伙伴关系转变,确保社会组织功能与结构的健康发展。

三是对公民进行合理引导。以社会主义核心价值观为社会思想道德观念最基本也是最重要的参照系,每个社会成员都可以在对照中觉察和体悟自身思想行为的正当性与道义性,凝聚共同的价值共识和心理认同。其次,应鼓励和培育各类社会组织的建立与运行,从而吸纳更多志愿者,强化社会群体间的凝聚力。最后,要注重网络虚拟社区中群体社会凝聚力的培育。通过对主流价值观进一步巩固,坚持正确的舆论导向,不断地筑牢公众凝聚力根基。

6.3.4　提高我国公民政治忠诚度的相关策略

子研究三的数据分析结果显示,公民的政治忠诚度在政府的印象管理行为和地方政府信任以及社会凝聚力之间扮演着中介的角色。在中国社会深刻变革和快速转型的特定背景之下,提升公民政治忠诚度尤为关键。依据忠诚度相关研究,本章从政府服务质量、关系维护、理念传递提出提升公民忠诚度的三项措施。

一是提高政府的服务质量。地方政府的服务质量直接体现了政府部门职能履行与公共服务供给的能力与效果,因此要加快推进基层政府质量建设,建立科学完善的政府质量评估体系。同时,需要进一步改善政府在公共服务尤其是民生性公共服务供给质量,提升公共服务供给结构效率,重视基础公共服务和社会公共服务,构建科学完善的公共服务供给体系,加强对弱势群体的关注与关怀,使得经济和社会发展的成果更多地惠及全体人民(王浦劬、郑姗姗,2019)。

二是确保政府与公民之间的有效沟通,维持政府与公民间的良好关系。在新时期,随着公民政治意识和能力的不断提升,地方政府应注重建立有效的沟通机制,维持与公民之间的良好关系,包括建立完善的政府信息传递渠道、鼓励基层政府与公民的良性互动、对"懒怠"行为进行惩处,渐进有序地完善政府信息主动公开机制和回应机制。

三是传递政府执政理念。基层政府也需向公众传递自身的执政理念,让更多的群众了解政府各项行为与政策实施逻辑，使得从全能政府转变为有限政府、从管理型政府转变为服务型政府、从权力政府转变为责任政府的理念深入人心。

6.4　研究局限与展望

本研究基于印象管理理论、政府信任和有关社会凝聚力的研究，分析影响地方政府信任和社会凝聚力的因素，探讨印象管理策略对地方政府信任和社会凝聚力的作用机制，并构建印象管理策略、地方政府信任以及社会凝聚力之间的理论模型。虽然在非传统安全研究领域做了有益探索，但是本研究仍存在以下不足及可拓展的空间。

第一，尽管本研究采用了定性研究与定量研究结合的混合研究方法，对研究的过程实现机制进行了详细的探讨，但是本研究结论的普适性仍然值得进一步推敲。这是因为本研究的受访者主要来源于东部沿海地区，该地区经济发展、制度建设和公共服务发展程度较高。尽管在数据采集过程中，研究尽可能做到随机，具有相当程度的合理性，但仍然具有结论普适性的问题。因此，应更多考虑我国不同地区的资源特征、文化差异及制度情况，在更广范围、更长时间的样本中检验本书所得到的结论的合理性和适用性。未来研究需要扩大样本范围，对不同身份、职业、年龄的人群进行研究，使得结论更为稳健。此外，第 5 章的问卷研究采用的是截面数据，这一结论在长期过程中是否仍然成立有待商榷。因此，未来研究需要收集面板数据，对已有结论进行验证。

第二，本书识别了政治忠诚度在印象管理行为和地方政府信任之间的中介作用，却并未对调节变量进行探讨，如宏观层面的制度因素、环境因素，个体层面的人格特质因素等变量未能涉及并加以综合考虑。未来研究可以进一步深入剖析和比较不同行政地域、个体特征等因素对上述关系的调节作用。尤其是，在中国情境下，由于行政地域以及地方政府的行为差异，公众对地方政府的评价与感知也存在差异。因此，若是将研究进一步拓展，通过充分考虑调节变量，将更有助于阐述当前地方政府印象管理行为对政府信任和社会凝聚力的影响机制。

　　第三,本研究对政府印象管理行为的测度上存在局限。本研究虽然将政府的印象管理行为细分为提升性印象管理行为和保护性印象管理行为,仍无法全面地呈现政府印象管理行为,如已有研究将印象管理行为划分为自我推销、道歉、辩解、划清界限、隐瞒、保持沉默、铺垫道歉和辩解等。另外,不同的印象管理行为的适用情景也存在差异。虽然在政府信任领域,地方政府的提升印象管理和保护性印象管理行为不存在效果上的显著差异,但是在具体公共危机应对方面,不同的印象管理策略仍存在其微妙的不同(杨洁,2018)。因而在未来研究中,需进一步依据研究情景,对政府的印象管理行为进行严格界定与细化。

　　此外,研究并未关注政府印象管理行为的负效应。在未来研究中,也应考虑印象管理与政府信任之间是否存在倒 U 型关系,即随着印象管理行为的增加,公民对地方政府的信任感反而降低。

　　第四,印象管理策略的"适用性""持续性"有待进一步认证。中国地方政府信任的形成机制纷繁复杂,如政府回应性(王浦劬、郑姗姗,2019)、政府公共服务质量(吴进进,2017)、政民互动(毛万磊、朱春奎,2019)和网络新媒体(孙兰英、陈嘉楠,2019)等都对政府信任有着重要影响。虽然印象管理存在于地方政府行为的方方面面,但其作用的适用性和持续性仍有待进一步的研究验证。因此在未来研究中,需要进一步收集面板数据,以此验证政府印象管理策略的适用性与持续性。

附 录

附录一 子研究一:半结构化访谈提纲

[1] 您是否信任我们的地方政府?

[2] 您对地方政府信任的程度如何? 请在 1 到 5 打分。

[3] 为什么会对地方政府形成上述信任状态?

[4] 您认为社会的凝聚力怎么样? 请在 1 到 5 打分。

[5] 您认为形成上述社会凝聚力状态的原因是什么?

附录二 子研究二:实验问卷

1	2	3	4	5	6	7
完全不符合	不符合	相对不符合	中立	相对符合	符合	完全符合

提醒:这里的政府是指地方政府。

序号	题项	请在相应的方格中打钩或画圈
1	我非常热爱我们的祖国	1　2　3　4　5　6
2	我为我是中华民族的一员感到自豪	1　2　3　4　5　6
3	我认为社会成员之间乐意相互帮助	1　2　3　4　5　6
4	我认为社会中的每一个成员都是平等的	1　2　3　4　5　6
5	我认为政府愿意听取老百姓意见	1　2　3　4　5　6
6	我认为现在政策主要还是为老百姓考虑的	1　2　3　4　5　6

（续表）

序号	题项	请在相应的方格中打钩或画圈					
7	我认为现在老百姓的利益可以得到切实保护	1	2	3	4	5	6
8	我认为政府处理事情是公道恰当的	1	2	3	4	5	6
9	我认为政府能够处理好各种突发事件	1	2	3	4	5	6
10	我认为政府工作人员的能力比较强	1	2	3	4	5	6
11	我不会为了自己的利益而损害国家的利益	1	2	3	4	5	6
12	我不会为了自己的利益而损害其他人的利益	1	2	3	4	5	6
13	我的行为符合社会规范	1	2	3	4	5	6
14	我力求自身的行为能维护国家的形象	1	2	3	4	5	6

附录三　子研究二：实验方案

策略类型	策略内容	实施方案
提升性群印象管理策略	政府部门会向社会公众传达关怀	1.地方政府部门会对困难群众表达关怀 https://www. sohu. com/a/204522678_534699http://www.xiaochang. gov. cn/xwzx/xcxw/content_54912
	政府部门向社会发布的宣传是生动亲切的	2.地方政府正尝试各种方法,拉近与群众的距离 http://news. gdzjdaily. com. cn/zjxw/content/2016—10/27/content_2164786.shtml
	政府部门能推出更多的便民举措	3.简化流程,方便群众 http://sn. people. com. cn/n2/2018/1031/c378296—32222969.html
	政府部门会在节日期间向公众发布节日祝福消息	4.地方政府会在节假日举办活动,丰富群众的生活 http://www. shanghai. gov. cn/nw2/nw2314/nw2315/nw4411/u21aw1341531.html
	政府部门会通过新媒体渠道发布消息,以获得更多人们的关注与理解	5.地方政府会建立微博,作为与民众互动的窗口 https://baijiahao. baidu. com/s? id=1613998327890600449&wfr=spider&for=pc

（续表）

策略类型	策略内容	实施方案
保护性群印象管理策略	政府部门发布的信息更加客观； 政府部门对自身行为有合理的解释； 政府部门可以及时告知群众风险因素； 当政府工作人员做出与政府形象不符的行为时，会被公开批评、处罚 政府部门能对社会上的虚假信息予以澄清	1.重庆公交 http://www.law-lib.com/fzdt/newshtml/shjw/20181102104442.htm 2.地方政府会因自身工作失误而致歉 https://baijiahao.baidu.com/s? id＝159426065601539 1400&wfr＝spider&for＝pc 3.地方政府会提醒群众某些旅游观光景点的风险 http://zj.ifeng.com/a/20171006/6048032_0.shtml 台风天不要外出 https://pc.nfapp.southcn.com/1812/1496437.html 4.地方政府处理不端行为的决心强烈 http://m.xinhuanet.com/2017－09/01/c_1121581933.htm 5.地方法院会告知群众不要轻易相信违法通知信息 http://www.chinapeace.gov.cn/zixun/2018－07/16/content_11473357.htm 校园贷 http://www.gdqynews.com/college/20181104/348351.html

附录四　子研究三：调研问卷

第一部分：基本信息调查

这部分主要了解您的基本情况，将您所适合的答案填入括号内。

1. 您的性别：（　　　）

A. 男　　B. 女

2. 您的年龄：（　　　）

3. 您的受教育程度：（　　　）

　　A. 大学以下　　B. 本科　　C. 硕士　　D. 博士

4.您的户籍类型:(　　)

　　A.非农　　　　B.农业

5.您的家庭年收入大约为:(　　)

　　A.10万元以下(包括10万元)　　　B.10万~20万元(包括20万元)

　　C.20万~30万元(包括30万元)　　D.30万~40万元(包括40万元)

　　E.40万~50万元(包括50万元)　　F.50万元以上

第二部分:群印象管理策略和主观认识调查

请仔细阅读以下问题,每个问题从完全不符合到完全符合有7种选择,其中各个数字代表的含义如下表所示。请结合您真实情况打钩或画圈:

1	2	3	4	5	6	7
完全不符合	不符合	相对不符合	中立	相对符合	符合	完全符合

提醒:这里的政府是指地方政府。

序号	题项	请在相应的方格中打钩或画圈					
1	我非常热爱我们的祖国	1	2	3	4	5	6
2	我为我是中华民族的一员感到自豪	1	2	3	4	5	6
3	我认为社会成员之间乐意相互帮助	1	2	3	4	5	6
4	我认为社会中的每一个成员都是平等的	1	2	3	4	5	6
5	我认为政府愿意听取老百姓意见	1	2	3	4	5	6
6	我认为现在政策主要还是为老百姓考虑的	1	2	3	4	5	6
7	我认为现在老百姓的利益可以得到切实保护	1	2	3	4	5	6
8	我认为政府处理事情是公道恰当的	1	2	3	4	5	6
9	我认为政府能够处理好各种突发事件	1	2	3	4	5	6
10	我认为政府工作人员的能力比较强	1	2	3	4	5	6
11	我不会为了自己的利益而损害国家的利益	1	2	3	4	5	6
12	我不会为了自己的利益而损害其他人的利益	1	2	3	4	5	6

（续表）

序号	题项	请在相应的方格中打钩或画圈					
13	我的行为符合社会规范	1	2	3	4	5	6
14	我力求自身的行为能维护国家的形象	1	2	3	4	5	6
15	我希望政府部门会向社会公众传达关怀	1	2	3	4	5	6
16	我希望政府部门向社会发布的宣传是生动亲切的	1	2	3	4	5	6
17	我希望政府部门能推出更多的便民举措	1	2	3	4	5	6
18	我希望政府部门会在节日期间向公众发布节日祝福消息	1	2	3	4	5	6
20	我希望政府部门发布的信息更加客观	1	2	3	4	5	6
21	我希望政府部门对自身行为有合理的解释	1	2	3	4	5	6
22	我希望政府部门可以及时告知群众风险因素	1	2	3	4	5	6
23	我希望政府部门能对社会上的虚假信息予以澄清	1	2	3	4	5	6
24	我希望当政府工作人员做出与政府形象不符的行为时，会被公开批评、处罚	1	2	3	4	5	6

参考文献

[1] ACHARYA A. Whose ideas matter?: agency and power in Asian regionalism[M]. New York: Cornell University Press, 2010.

[2] BANSAL P, CLELLANDl I. Talking trash: legitimacy, impression management, and unsystematic risk in the context of the natural environment[J]. Academy of Management Journal, 2004, 47(1): 93-103.

[3] BATTILANA J, LEE M. Advancing research on hybrid organizing — insights from the study of social enterprises [J]. Academy of Management Annals, 2014, 8(1): 397-441.

[4] BAUMEISTER R F. A self-presentational view of social phenomena [J]. Psychological Bulletin, 1982, 91(1): 3.

[5] BENTLER, PETER M, YUAN, KE-HAI. Structural equation modeling with small samples: test statistics[J]. Multivariate Behav Res, 1999, 34(2): 181-197.

[6] BOLINO M C, KACMAR K M, TURNLEY W H, et al. A multi-level review of impression management motives and behaviors[J]. Journal of Management, 2008, 34(6): 1080-1109.

[7] BRADACH J L, ECCLES R G. Price, authority, and trust: from ideal types to plural forms[J]. Annual Review of Sociology, 1989: 97-118.

[8] BUSENBARK J R, LANGE D, CERTO S T. Foreshadowing as impression management: Illuminating the path for security analysts

[J]. Strategic Management Journal，2017，38(12)：2486-2507.

[9] BUTLER J. Setting up and controlling cleaning programmes for complex sites[J]. Property Management，1991，9(1)：18-23.

[10] CABALLERO-ANTHONY M. Non-traditional security challenges，regional governance，and the ASEAN political-security community (APSC)[J]. Asia Security Initiative Policy Series Working Paper，2010，7：1-17.

[11] CAMPBELL，DONALD T. FISKE，DONALD W. Convergent and discriminant validation by the multitrait-multimethod matrix[J]. Psychological Bulletin，1959，56(2)：81-105.

[12] CANTLE T. Community cohesion in Britain：a report of the independent review team[J]. 2001.

[13] CARBERRY E J，KING B G. Defensive practice adoption in the face of organizational stigma：impression management and the diffusion of stock option expensing[J]. Journal of Management Studies，2012，49(7)：1137-1167.

[14] CHANLEY V A，RUDOLPH T J，RAHN W M. The origins and consequences of public trust in government：a time series analysis [J]. Public Opinion Quarterly，2000，64(3)：239-256.

[15] CHARMAZ，KATHY C. Constructing grounded theory：a practical guide through qualitative analysis [M]. California：Thousand Oaks，2006.

[16] CHEN J，ZHONG Y，HILLARD J，et al. Assessing political support in China：citizens' evaluations of governmental effectiveness and legitimacy[J]. Journal of Contemporary China，1997，6(16)：551-566.

[17] CHEN J. Popular political support in urban China[M]. Washington：Woodrow Wilson Center Press，2004.

[18] CHRISTENSEN，TOM，LAGREID，PER. Elestado fragmentado：

los retos de combinar eficiencia, normas institucionales y democracia[J]. Gestiny Poltica Pblica, 2005, 14(3): 557-598.

[19] CITRIN J. Comment: The political relevance of trust in government [J]. American Political Science Review, 1974, 68(3): 973-988.

[20] CLAPHAM S E, SCHWENK C R. Self—serving attributions, managerial cognition, and company performance [J]. Strategic Management Journal, 1991, 12(3): 219-229.

[21] CONNOR, JAMES, The sociology of loyalty [M]. New York: Springer US, 2007.

[22] CORBIN, JULIET M, STRAUSS, ANSELM. Basics of qualitative research[M]. London: Sage Publications, Inc., 2015.

[23] CRANT, J. MICHAEL. Proactive behavior in organizations[J]. Journal of Management, 2000, 26(3): 435-462.

[24] DAVID JOSEPH S., NYE PHILIP ZELIKOW, C. KING. Why people don't trust government [M]. Boston: Harvard University Press, 1997.

[25] DELMAS M A, MONTES-SANCHO M J. Voluntary agreements to improve environmental quality: symbolic and substantive cooperation [J]. Strategic Management Journal, 2010, 31 (6): 575-601.

[26] DEUTSCH M. The effect of motivational orientation upon trust and suspicion[J]. Human Relations, 1960, 13(2): 123-139.

[27] DOTY, D. HAROLD, GLICK, WILLIAM H. Common methods bias: does common methods variance really bias results? [J]. Organizational Research Methods, 1998, 1(4): 374-406.

[28] EASTERLY W, RITZEN J, WOOLCOCK M. Social cohesion, institutions, and growth [J]. Institutions, and Growth (August 2006), 2006.

[29] EASTMAN, CAROL M. Narrating our pasts: The social

construction of oral history[J]. Journal of Linguistic Anthropology, 1994,4(1):102-103.

[30] EASTON D. Are-assessment of the concept of political support[J]. British Journal of Political Science,1975, 5(4): 435-457.

[31] ELSBACH K D, KRAMER R M. Members' responses to organizational identity threats: encountering and countering the business week rankings[J]. Administrative Science Quarterly, 1996, 41(3): 442-476.

[32] ELSBACH K D, SUTTON R I, PRINCIPE K E. Averting expected challenges through anticipatory impression management: a study of hospital billing[J]. Organization Science, 1998, 9(1): 68-86.

[33] ELSBACH K D. Managing organizational legitimacy in the california cattle industry: the construction and effectiveness of verbal accounts[J]. Administrative Ence Quarterly, 1994, 39(1): 57-88.

[34] EMMERS R, LIOW J C, TAN S S. The East Asia Summit and the regional security architecture[J]. Maryland Series in Contemporary Asian Studies, 2010, 2010(3): 1.

[35] FESTINGER L. Informal social communication[J]. Psychological Review, 1950, 57(5): 271.

[36] FORREST, RAY, KEARNS, ADE. Social cohesion, social capital and the neighbourhood [J]. Urban Studies, 2001, 38 (12): 2125-2143.

[37] FRIEDKIN N E. Social cohesion[J]. Annu. Rev. Sociol, 2004, 30: 409-425.

[38] FUKUYAMA F. Trust: The social virtues and the creation of prosperity[M]. New York: Free Press Paperbacks, 1995.

[39] FULLER, CHRISTIE M, SIMMERING, MARCIA J, ATINC, GUCLU, ATINC, YASEMIN, BABIN, BARRY J. Common

methods variance detection in business research[J]. Journal of Business Research，2016，69(8)：3192-3198.

[40] GAMBETTA D. Trust：making and breaking cooperative relations [M]. Basil Blackwell，1988.

[41] GEORGE G，DAHLANDE L，GRAFFIN S D，et al. Reputation and status：expanding the role of social evaluations in management research[J]. 2016.

[42] GLASER，BARNEY G，STRAUSST，ANSELM L. The discovery of grounded theory：strategies for qualitative research[M]. Chicago：Aldine Press，1967.

[43] GOFFMAN E. The presentation of self in everyday life[M]. New York：Doubleday Anchor Books，1959.

[44] GRAFFIN S D，CARPENTER M A，BOIVIE S. What's all that (strategic) noise? Anticipatory impression management in CEO succession[J]. Strategic Management Journal，2011，32(7)：748-770.

[45] GRAFFIN，SCOTT D，BOIVIE，STEVEN. How companies use strategically timed announcements to confuse the market [J]. Harvard Business Review Digital Articles，2016：2-4.

[46] HAIR J F，BLACK W C，BABIN B J. Multivariate data analysis [M]. Upper Saddle River，NJ：Prentice hall，1998.

[47] HAYWARD M L A，FITZA M A，et al. Pseudo-precision? precise forecasts and impression management in managerial earnings forecasts[J]. Academy of Management Journal，2016，60(3)：1094-1116.

[48] HETHERINGTON M J. The political relevance of political trust[J]. American Political Science Review，1998，92(4)：791-808.

[49] HOUSTON D J，HAEDING L H. Public trust in government administrators：explaining citizen perceptions of trustworthiness and competence[J]. Public Integrity，2013，16(1)：53-76.

[50] HU，LI-TZE，BENTLER，PETER M. Cutoff criteria for fit indexes in covariance structure analysis：conventional criteria versus new alternatives[J]. Structural Equation Modeling，1999，6(1)：1-55.

[51] INGLEHART R. Modernization and postmodernization：cultural，economic，and political change in 43 societies［M］. Cambridge：Princeton university press，1997.

[52] JENSON J. Mapping social cohesion：the state of Canadian research［M］. Ottawa：Canadian Policy Research Networks，1998.

[53] JOB J. How is trust in government created? It begins at home，but ends in the parliament［J］. Australian Review of Public Affairs，2005，6(1)：1-23.

[54] JONES E E，PITTMAN T S. Toward a general theory of strategic self-presentation[J]. Psychological Perspectives on the Self，1982，1(1)：231-262.

[55] LAI A，MELLONI G，STACCHEZZINI R. Corporate sustainable development：is 'integrated reporting' a legitimation strategy？［J］. Business Strategy and the Environment，2016，25(3)：165-177.

[56] LEARY M R，KOWALSKI R M. Impression management：a literature review and two-component model［J］. Psychological Bulletin，1990，107(1)：34.

[57] LEPINE，JEFFERY A，WILCOX-KING. Editors'comments：developing novel theoretical insight from reviews of existing theory and research[J]. Academy of Management Review，2010，35(04)：506-509.

[58] LI，LIANJIANG. Political trust in rural China[J]. Modern China，2004，30 (2)：228-258.

[59] LI，LIANJIANG. Reassessing trust in the central government：evidence from five national surveys［J］. China Quarterly，2016(225)：100-121.

［60］LI，LIANJIANG. The magnitude and resilience of trust in the center：evidence from interviews with petitioners in beijing and a local survey in rural China［J］. Modern China，2013，39（1）：3-36.

［61］LIEBERTHAL，KENNETH，OKSENBERG，MICHEL. Policy making in China：leaders，structures，and processes［M］. Princetion：Princeton University Press，1988.

［62］LOTT，ALBERT J，LOTT，BERNICE E. Group cohesiveness as interpersonal attraction：a review of relationship with antecedent and consequent variables［J］. Psychological Bulletin，1965，64（4），259-309.

［63］MARK W，ZACHER，TANIA J KEEFE. The politics of global health governance：united by contagion［M］. New York：Springer，2008.

［64］MARTENS M L，JENNING J E，JENNINGS P D. Do the stories they tell get them the money they need? The role of entrepreneurial narratives in resource acquisition［J］. Academy of Management Journal，2007，50（5）：1107-1132.

［65］MAXWELL R. Trust in government among British Muslims：the importance of migration status［J］. Political Behavior，2010，32（1）：89-109.

［66］MAYER R C，DAVIS J H，SCHOORMAN F D. An integrative model of organizational trust［J］. Academy of Management Review，1995，20（3）：709-734.

［67］MCDONNEL M H，KING B. Keeping up appearances：reputational threat and impression management after social movement boycotts［J］. Administrative Science Quarterly，2013，58（3）：387-419.

［68］MILLER，A. H. Political issues and trust in government：1964—1970［J］. American Political Science Review，1974（68）：951-972.

［69］MOHAMED A A，GARDNER W L，PAOLILLO J G P. A

taxonomy of organizational impression management tactics [J]. Journal of Competitiveness Studies, 1999, 7(1): 108.

[70] MOODY J, WHITE D R. Structural cohesion and embeddedness: a hierarchical concept of social groups[J]. American Sociological Review, 2003: 103-127.

[71] MORENO J L, JENNINGS H H. Statistics of social configurations [J]. Sociometry, 1938: 342-374.

[72] NAGY B, KACMAR M, HARRIS K. Dispositional and situational factors as predictors of impression management behaviors [J]. Journal of Behavioral and Applied Management, 2011, 12(3): 229.

[73] NARAYAN D, PRITCHETT L. Cents and sociability: household income and social capital in rural Tanzania [J]. Economic Development and Cultural Change, 1999, 47(4): 871-897.

[74] NETEMEYER R G, KRISHNAN B, PULLIG C, et al. Developing and validating measures of facets of customer-based brand equity[J]. Journal of Business Research, 2004, 57(2): 209-224.

[75] NEWTON K. Trust, social capital, civil society, and democracy[J]. International Political Science Review, 2001, 22(2): 201-214.

[76] NICHOLLS K, PICOU J S. The impact of Hurricane Katrina on trust in government[J]. Social Science Quarterly, 2013, 94 (2): 344-361.

[77] NUNNALLY, J.C. Teoría psicométrica[M]. Mexico City : Editorial Trillas, 1987.

[78] PALLANT, J. SPSS survival manual: A step by step guide to data analysis using the SPSS program [M]. New York: McGraw Hill, 2010.

[79] PANXIN, CHEN, XUANJIN, NING, LUTAO. Why do inconsistencies occur? detangling the relationship between technological diversification and performance in Chinese firms[J].

Asian Journal of Technology Innovation，2017，25(3)：407-427.

[80] PARHANKANGAS A，EHRLICH M. How entrepreneurs seduce business angels：an impression management approach[J]. Journal of Business Venturing，2014，29(4)：543-564.

[81] PARRY G. Trust，distrust and consensus[J]. British Journal of Political Science，1976，6(2)：129-142.

[82] PATELLI L，PEDRINI M. Is the optimism in CEO's letters to shareholders sincere? Impression management versus communicative action during the economic crisis[J]. Journal of Business Ethics，2014，124(1)：19-34.

[83] PLASSER，FRITZ，ULRAM，PETER ADOLF，OGRIS，GUNTHER. Wahlkampf und Wählerentscheidung ：Analysen zur Nationalratswahl 1995[M]. Berlin：Signum，1996.

[84] PODSAKOFF，PHILIP M，MACKENZIE，SCOTT B，JEONG-YEON LEE，PODSAKOFF，NATHAN P. Common method biases in behavioral research：a critical review of the literature and recommended remedies[J]. Journal of Applied Psychology，2003，88(5)：879.

[85] POLLACH I ，KERBLER E. Appearing competent：a study of impression management in U.S. and European CEO profiles[J]. Journal of Business Communication，2011，48(4)：355-372.

[86] PORAC J F，WADE J B，POLLOCK T G. Industry categories and the politics of the comparable firm in CEO compensation [J]. Administrative Science Quarterly，1999，44(1)：112-144.

[87] RAENTO M，OULASVIRTA A. Designing for privacy and self-presentation in social awareness [J]. Personal and Ubiquitous Computing，2008，12(7)：527-542.

[88] REESKENS，TIM，HOOGHE，MARC. Cross-cultural measurement equivalence of generalized trust[J]. Evidence from the European

Social Survey, 2008, 85(3): 515-532.

[89] RICHEY S. The impact of corruption on social trust[J]. American Politics Research, 2010, 38(4): 676-690.

[90] ROSENFELD P, GIACALONE R A, RIORDAN C A. Impression management in organizations: theory, measurement, practice[M]. New York: Van Nostrand Reinhold, 1995.

[91] ROSENFELD P. Impression management, fairness, and the employment interview[J]. Journal of Business Ethics, 1997, 16(8): 801-808.

[92] ROTHSTEIN B, STOLLE D. The state and social capital: An institutional theory of generalized trust[J]. Comparative Politics, 2008, 40(4): 441-459.

[93] ROTTER, JULIAN B. A new scale for the measurement of interpersonal trust[J]. J Pers, 1967, 35(4): 651-665.

[94] S. NEIL MACFARLANE, YUEN FOONG KHONG. Human security and the un: a critical history[M]. Bloomington: Indiana University Press, 2006.

[95] SAMPSON, ROBERT J, RAUDENBUSH, STEPHEN W, EARLS, FELTON. Neighborhoods and violent crime: a multilevel study of collective efficacy[J]. Science, 1997, 277(5328): 918-924.

[96] SHAPIRO A L, FOREWORD BY-LEONE R C. The control revolution: how the internet is putting individuals in charge and changing the world we know[M]. New York: Perseus Books, 1999.

[97] SHI T. Cultural values and political trust: a comparison of the People's Republic of China and Taiwan[J]. Comparative Politics, 2001: 401-419.

[98] SIDDHARTH KAZA, HSINCHUN Chen. Evaluating ontology mapping techniques: an experiment in public safety information sharing[J]. Decision Support Systems, 2008, 45(4): 714-728.

[99] STANLEY DICK. What do we know about social cohesion: the research perspective of the federal government's social cohesion research network[J]. The Canadian Journal of Sociology / Cahiers Canadiens De Sociologie, 28(1): 5-17.

[100] STAW B M, MCKECHNIE P I, PUFFER S M. The justification of organizational performance[J]. Administrative Science Quarterly, 1983: 582-600.

[101] STOKES D E. Popular evaluations of government: an empirical assessment[J]. Ethics and Bigness: Scientific, academic, religious, political, and military, 1962: 61-72.

[102] STRAUSS, ANSELM, CORBIN, JULIET M. Basics of qualitative research: grounded theory procedures and techniques[M]. Sage Publications, Inc. 1990.

[103] TEDESCHI, J. T, NORMAN, N. Social power, self-presentation, and the self. The self and social life[M]. New York: McGraw-Hill, 1985.

[104] TETLOCK P E, MANSTEAD A S. Impression management versus intrapsychic explanations in social psychology: A useful dichotomy? [J]. Psychological Review, 1985, 92(1): 59.

[105] TSANG A H C. Strategic dimensions of maintenance management [J]. Journal of Quality in Maintenance Engineering, 2002, 8(1): 7-39.

[106] TUCKER ANDREW. The role of reflexive trust in modernizing public administrations [J]. Public Performance & Management Review, 2004, 28(1): 53-74.

[107] ULLMAN R H. Redefining security[J]. International Security, 1983, 8(1): 129-153.

[108] UZIEL L. Look at me, I'm happy and creative: The effect of impression management on behavior in social presence [J].

Personality and Social Psychology Bulletin, 2010, 36（12）: 1591-1602.

[109] VAN DE WALLE S, SIX F. Trust and distrust as distinct concepts: why studying distrust in institutions is important[J]. Journal of Comparative Policy Analysis: Research and Practice, 2014, 16(2): 158-174.

[110] VAN MIEGHEM P, HOOGHIEMSTRA G, VAN DER HOFSTAD R. A scaling law for the hopcount in internet[J]. Delft University of Technology, report, 2000, 2000125.

[111] WASHBURN M, BROMILEY P. Managers and analysts: An examination of mutual influence[J]. Academy of Management Journal, 2014, 57(3): 849-868.

[112] WESTPHAL J D, PARK S H, MCDNALD M L, et al. Helping other CEOs avoid bad press: social exchange and impression management support among CEOs in communications with journalists[J]. Administrative Science Quarterly, 2012, 57（2）: 217-268.

[113] WESTPHAL J D, ZAJAC E J. The symbolic management of stockholders: corporate governance reforms and shareholder reactions[J]. Administrative Science Quarterly, 1998: 127-153.

[114] WESTPHAL J D, ZAJAC E J. Who shall govern? CEO/board power, demographic similarity, and new director selection[J]. Administrative Science Quarterly, 1995: 60-83.

[115] WHYTE M K, IM D K. Is the social volcano still dormant? trends in Chinese attitudes toward inequality[J]. Social Science Research, 2014, 48: 62-76.

[116] WOOLCOCK M, EASTERLY W, RITZEN J. On good politicians and bad policies: social cohesion, institutions, and growth[M]. Washington: The World Bank, 2000.

[117] ZAVYALOVA A，PFARRER M D，REGER R K，et al. Managing the message：the effects of firm actions and industry spillovers on media coverage following wrongdoing[J]. Academy of Management Journal，2012，55(5)：1079-1101.

[118] ZHU，David H，Chen，et al. CEO narcissism and the impact of prior board experience on corporate strategy[J]. Administrative Science Quarterly，2015.

[119] (美)乔治·恩德勒,陆晓禾,杜晨. 经济伦理学如何能够加强社会凝聚力？[J]. 哲学分析，2018，009(006)：93-107，192-193.

[120] 阿尔蒙德西德尼·维巴,加布里埃尔. 公民文化:五个国家的政治态度和民主制[M]. 北京:东方出版社，2008.

[121] 埃德蒙·柏克. 法国革命论[M]. 何兆武，彭刚，译. 北京:商务印书馆，2010.

[122] 埃里克·尤斯拉纳. 信任的道德基础[M]. 北京:中国社会科学出版社，2006.

[123] 艾明江,王培远. 信任文化与大学生政府信任的实证分析[J].长白学刊，2015(01)：41-47.

[124] 巴里·布赞，琳恩·汉森. 国际安全研究的演化[M]. 余潇枫，译注. 杭州:浙江大学出版社，2011.

[125] 蔡翔. 国外关于信任研究的多学科视野[J]. 科技进步与对策，2006(05)：178-180.

[126] 保罗·罗森菲尔德，罗伯特·贾卡罗龙,凯瑟琳·赖尔登. 组织中的印象管理[M]. 北京:清华大学出版社，2002.

[127] 边燕杰,肖阳. 中英居民主观幸福感比较研究[J]. 社会学研究，2014，29(02)：22-42+242.

[128] 曹茵. 企业凝聚力的文化透视[J]. 社会主义研究，2004(03)：92-94.

[129] 陈丹超. 印象管理的形成机制及应对措施[J]. 现代交际，2018，No. 478(08)：254-25.

[130] 陈丽君,朱蕾蕊. 差序政府信任影响因素及其内涵维度——基于构思

导向和扎根理论编码的混合研究[J].公共行政评论，2018，11(5)：52-69.

[131] 陈长江.社会凝聚力与可持续发展问题研究述评[J].经济学动态，2010(1)：116-120.

[132] 程倩.论非政府组织兴起后的社会生活[J].公共管理与政策评论，2013，2(2)：55-65.

[133] 丁波涛.智慧城市视野下的新型信息安全体系建构[J].上海城市管理，2012(4)：17-20.

[134] 杜兰晓.大学生国家认同研究[M].北京：中国社会科学出版社，2018.

[135] 范柏乃，蓝志勇.公共管理研究与定量分析方法[M].北京：科学出版社，2008.

[136] 方曦，王奎明.大学生政治信任现状及影响因素的实证研究——基于学校层面的分析[J].上海交通大学学报(哲学社会科学版)，2018(1)：53-62.

[137] 弗朗西斯·福山.信任：社会美德与创造经济繁荣[M].桂林：广西师范大学出版社，2016.

[138] 高学德，翟学伟.政府信任的城乡比较[J].社会学研究，2013(2)：1-27.

[139] 管玥.政治信任的层级差异及其解释：一项基于大学生群体的研究[J].公共行政评论，2012(2)：67-99，179-180.

[140] 郭延军."一带一路"建设中的中国周边水外交[J].亚太安全与海洋研究，2015(04)：81-93+128.

[141] 韩兆柱，何雷.地方政府信任再生：影响维度、作用机理与策略启示[J].中国行政管理，2016(07).

[142] 洪大用，范叶超，肖晨阳.检验环境关心量表的中国版(CNEP)：基于CGSS2010数据的再分析[J].社会学研究，2014，29(4)：49-72.

[143] 后梦婷，翟学伟.城市居民政治信任的形成机制——基于五城市的抽样调查分析[J].社会科学研究，2014(1)：112-118.

[144] 黄利红.信息不充分条件下民众信任政府的心理机制研究[D].成都：

电子科技大学，2017.

[145] 黄明哲. 构建社会主义和谐社会与加强党的凝聚力建设探讨[J]. 学习与实践，2007(02)：80-88.

[146] 黄溶冰，陈伟，王凯慧. 外部融资需求、印象管理与企业漂绿[J]. 经济社会体制比较，2019(3).

[147] 黄溪. 当前公众的凝聚力调查[J]. 国家治理，2015，(10)：3-15.

[148] 黄信豪. 寻找新官僚精英中国政治精英"栽培"制度的利与弊[J]. 文化纵横，2015(5)：28-34.

[149] 金婧. 印象管理理论在企业战略管理中的应用：回顾与展望[J]. 管理学季刊，2018(2).

[150] 亢海玲. 政府网络舆论危机治理中的形象传播策略——基于印象管理的视角[J]. 传媒，2014(21)：71-72.

[151] 克特·W.巴克. 社会心理学[M]. 天津：南开大学出版社，1984.

[152] 黎民，张小山. 西方社会学理论[M]. 武汉：华中科技大学出版社，2005.

[153] 李春成，张少臣. 大学生的政府信任度及其结构模型初探——基于上海市五所高校的问卷调查[J]. 甘肃行政学院学报，2011(6)：24-32.

[154] 李东燕. 联合国的安全观与非传统安全[J]. 世界经济与政治，2004(08)：49-54＋6.

[155] 李贺楼. 扎根理论方法与国内公共管理研究[J]. 中国行政管理，2015(11)：76-81.

[156] 李怀祖. 管理研究方法论[M]. 西安：西安交通大学出版社，2004.

[157] 李慧芳. 政务微博互动性对粉丝忠诚度的影响研究——信任的中介效应[D]. 武汉：华中科技大学，2016.

[158] 李金. 社会凝聚力问题探讨[J]. 社会科学杂志，1992(6)：42-45.

[159] 李骏，吴晓刚. 收入不平等与公平分配：对转型时期中国城镇居民公平观的一项实证分析[J]. 中国社会科学，2012(03)：114-128＋207.

[160] 李开盛，薛力. 非传统安全理论：概念、流派与特征[J]. 国际政治研究，2012，33(02)：93-107.

[161] 李开盛."去安全化"理论的逻辑与路径分析[J].现代国际关系,2015 (1):55-62.

[162] 李立周.断裂社会背景下重塑社会凝聚力的政府选择[J].湖南财经高 等专科学校学报,2007,23(4):32-33.

[163] 李连江.关于农民工新闻报道的研究[J].东方企业文化,2012(15): 132-133.

[164] 李艳霞.何种信任与为何信任?:当代中国公众政治信任现状与来源的 实证分析[J].公共管理学报,2014,11(2):16-26,139-140.

[165] 李勇.政府信任对政治参与的影响研究:作用机制与变迁趋势分析 [D].杭州:浙江大学,2019.

[166] 李元书.政治社会化:涵义、特征、功能[J].政治学研究,1998(2): 17-25.

[167] 厉以宁.论效率的双重基础[J].北京大学学报(哲学社会科学版), 1998(6):5-12.

[168] 梁涌.社会转型期忠诚问题研究[D].杭州:浙江大学,2002.

[169] 廖澄澄.从"综合安全观"到"立体安全观"——评王逸舟非传统安全思 想的演进[J].科学时代,2011(10).

[170] 廖丹子."多元性"非传统安全威胁:网络安全挑战与治理[J].国际安 全研究,2014,32(03):25-39+156-157.

[171] 林南.社会资本关于社会结构与行动的理论[M].张磊,译.上海:上 海人民出版社,2005.

[172] 刘嘉薇,黄纪.持续与变迁——政治资讯对大学生政治信任感影响之 定群追踪研究[J].政治学报,2010(50):111-146.

[173] 刘米娜,杜俊荣.转型期中国城市居民政府信任研究——基于社会资 本视角的实证分析[J].公共管理学报,2013,10(02):64-74.

[174] 刘普.政治安全:网络时代的挑战与对策[D].北京:中国社会科学院 研究生院,2012.

[175] 刘跃进.新时期总体国家安全观指导下的中国国家安全战略目标及措 施[J].江南社会学院学报,2015,17(04):1-6.

[176] 卢春天, 权小娟. 媒介使用对政府信任的影响: 基于 CGSS2010 数据的实证研究[J]. 国际新闻界, 2015, 37(5): 66-80.

[177] 吕君, 张士强, 王颖, 杨梦洁. 基于扎根理论的新能源企业绿色创新意愿驱动因素研究[J]. 科技进步与对策, 2019, 36(18): 104-110.

[178] 吕书鹏, 朱正威. 政府信任区域差异研究——基于对 China Survey 2008 数据的双层线性回归分析[J]. 公共行政评论, 2015, 8(02): 125-145.

[179] 马得勇, 孙梦欣. 新媒体时代政府公信力的决定因素——透明性、回应性抑或公关技巧?[J]. 公共管理学报, 2014, 11(01): 104-113.

[180] 马得勇. 政治信任及其起源——对亚洲 8 个国家和地区的比较研究[J]. 经济社会体制比较, 2007(5): 79-86.

[181] 马克·E.沃伦.民主与信任[M].吴辉, 译. 北京: 华夏出版社, 2004.

[182] 毛万磊, 朱春奎. 电子化政民互动对城市公众政府信任的影响机理研究[J]. 南京大学学报(哲学·人文科学·社会科学), 2019, 56(03): 51-60.

[183] 梅利·卡拉贝若·安东尼, 拉尔夫·埃莫斯, 阿米塔夫·阿查亚. 安全化困境: 亚洲的视角[M]. 段青, 编译. 杭州: 浙江大学出版社, 2010.

[184] 孟庆国, 邓喆, 杭承政, 刘源浩. 政府官员社交网络形象建构的影响因素——基于 1781 个新浪微博政府官员账号的实证分析[J]. 公共管理评论, 2016(1): 3-21.

[185] 孟天广, 杨明. 转型期中国县级政府的客观治理绩效与政治信任: 从"经济增长合法性"到"公共产品合法性"[J]. 经济社会体制比较, 2012(4): 122-135.

[186] 孟天广. 转型期的中国政治信任: 实证测量与全貌概览[J]. 华中师范大学学报(人文社会科学版), 2014(2): 1-10.

[187] 潘村秋. 政务微博的互联网印象管理——以"平安北京"为例[J]. 传媒论坛, 2018, 1(23): 39-40.

[188] 秦亚青. 作为关系过程的国际社会——制度、身份与中国和平崛起[J]. 国际政治科学, 2010(04): 1-24+132.

[189] 秦燕，尹保红.社会管理创新与政府转型刍议——社会管理创新与政府转型刍议[J].深圳大学学报：人文社会科学版，2012，29(4)：58-63.

[190] 邱杰，张瑞，左希正.大学生政治认同教育研究[J].社会科学家，2014(7)：114-117.

[191] 任晓.论国际共生的价值基础——对外关系思想和制度研究之三[J].世界经济与政治，2016(04)：4-28.

[192] 沈士光.论政治信任——改革开放前后比较的视角[J].学习与探索，2010(2)：60-65.

[193] 孙兰英，陈嘉楠.网络新媒体对政府信任的影响——文化主义与制度主义的多重中介作用[J].预测，2019，38(3)：31-37.

[194] 孙昕，徐志刚，陶然，苏福兵.政治信任、社会资本和村民选举参与——基于全国代表性样本调查的实证分析[J].社会学研究，2007(4)：165-187.

[195] 唐斌.概念之辨：政治信任、政治认同与政治合法性——以政治信任为中心的考察[J].云南行政学院学报，2016，18(02)：63-69.

[196] 涂尔干，狄玉明.社会学方法的准则[M].北京：商务印书馆，2009.

[197] 王宏伟.重大突发事件应急机制研究[M].北京：中国人民大学出版社，2010.

[198] 王焕之.企业凝聚力的影响因素和增强策略[J].内蒙古科技与经济，2013(1)：32-33.

[199] 王建军，唐娟.论公共政策制定中的公民参与[J].四川大学学报(哲学社会科学版)，2006(5)：57-62.

[200] 王连伟，杨梦莹.互联网时代政府信任研究进展[J].山东行政学院学报，2018(6)：6-10.

[201] 王浦劬，郑姗姗.政府回应、公共服务与差序政府信任的相关性分析——基于江苏某县的实证研究[J].中国行政管理，2019(5)：101-108.

[202] 王琪.社会心态视角下的当代中国青年社会凝聚力研究[D].武汉：武

汉轻工大学,2016.

[203] 王绍兴,刘欣.信任的基础:一种理性的解释[J].社会学研究,2002
　　　(3):23-39.

[204] 王逸舟,唐永胜,郭宪纲,等.大国之道:中国外交转型与调整[J].世
　　　界知识,2016(5):14-25.

[205] 王逸舟.国际关系的中长期发展趋势与中国的应对(一)[J].当代世
　　　界,2011(1):13-18,21.

[206] 王逸舟.和平崛起阶段的中国国家安全:目标序列与主要特点[J].国
　　　际经济评论,2012(3):9-20.

[207] 王臻荣,任晓春.我国地方政府绩效模型的构建与分析[J].中国行政
　　　管理,2011(11):24-28.

[208] 王正祥.传媒对大学生政治信任和社会信任的影响研究[J].青年研
　　　究,2009(02).

[209] 魏志江,孟诗.试析中日韩三国2011年以来的非传统安全合作[J].
　　　中共浙江省委党校学报,2012(4):25-31.

[210] 吴建南,庄秋爽."自下而上"评价政府绩效探索:"公民评议政府"的
　　　得失分析[J].理论与改革,2004(5):69-71.

[211] 吴结兵,李勇,张玉婷.差序政府信任:文化心理与制度绩效的影响及
　　　其交互效应[J].浙江大学学报:人文社会科学版,2016(5):157-169.

[212] 吴进进.腐败认知、公共服务满意度与政府信任[J].浙江社会科学,
　　　2017(01):45-53.

[213] 希拉里帕特南.事实与价值二分法的崩溃[M].北京:东方出版
　　　社,2006.

[214] 夏晓璇.互联网时代官方媒体对政府形象和公信力的影响机制[J].中
　　　国管理信息化,2019(15):1673-0194.

[215] 肖唐镖,王欣."民心"何以得或失 ——影响农民政治信任的因素分
　　　析:五省(市)60村调查(1999—2008)[J].中国农村观察,2011(6):
　　　75-82.

[216] 肖唐镖,王欣.中国农民政治信任的变迁——对五省份60个村的跟

踪研究(1999—2008)[J].管理世界,2010(9).

[217] 谢贵平.认同建构与边疆民族地区社会安全治理[J].西南民族大学学报(人文社会科学版),2019,40(9):31-37.

[218] 熊光楷.协力应对非传统安全威胁的挑战[J].科学决策,2007(2):4-7.

[219] 熊美娟.政治信任研究的理论综述[J].公共行政评论,2010(6):153-180.

[220] 徐华炳.危机与治理:中国非传统安全问题与战略选择[M].上海:上海三联书店,2011.

[221] 徐萌.浅析政治忠诚度与提高我国公民政治忠诚度的策略[J].才智,2011(029):170-171.

[222] 徐霞,邵银波.论西方传统政治忠诚观[J].湖北社会科学,2013(5):43-46.

[223] 阎波,吴建南.问责、组织政治知觉与印象管理:目标责任考核情境下的实证研究[J].管理评论,2013(11):74-84.

[224] 杨洁,郭立宏.负面报道后组织间接印象管理策略研究——基于"双组件"模型的分析[J].华东经济管理,2016,30(10):147-154.

[225] 杨洁,郭立宏.声明还是缄默:负面报道后国企和民企印象管理行为差异研究[J].南开管理评论,2017,20(01):83-95.

[226] 杨思博,侯沛勇,林娜.浅淡影响凝聚力的主要因素[J].西北工业大学学报(社会科学版),2001(02):57-58.

[227] 杨伟.基于印象管理的网络社群隐私关注影响研究[D].北京:北京邮电大学,2014.

[228] 杨中芳,彭泗清.中国人人际信任的概念化:一个人际关系的观点[J].社会学研究,1999,(2).

[229] 叶敏,彭妍."央强地弱"政治信任结构的解析——关于央地关系一个新的阐释框架[J].甘肃行政学院学报,2010(3):49-57.

[230] 尹保红,秦燕.浅论风险社会中信任秩序的模式重构[J].理论研究,2011(4):48-50.

［231］尹保红.政府信任危机研究［M］.北京:国家行政学院出版社，2014.

［232］游宇，王正绪.互动与修正的政治信任——关于当代中国政治信任来源的中观理论［J］.经济社会体制比较，2014(2)：178-193.

［233］于铁山.迈向有效治理:社区治理的制度逻辑与实践策略——基于S市社区书记的访谈研究［J］.广东工业大学学报(社会科学版)，2019，019(001)：62-67,97.

［234］余潇枫，张伟鹏.基于话语分析的广义"去安全化"理论建构［J］.浙江大学学报（人文社会科学版)，2019，49(4).

［235］余潇枫，廖丹子."现代民防":安全治理新建构［J］.浙江大学学报(人文社会科学版)，2012(2).

［236］余潇枫，王江丽.非传统安全维护的"边界""语境"与"范式"［J］.世界经济与政治，2006(11)：7-8＋57-63.

［237］余潇枫，赵振拴，廖丹子,等.从"国门安全"到"场域安全":出入境检验检疫的非传统安全分析［M］.北京:中国社会科学出版社，2015.

［238］余潇枫.非传统安全概论［M］.第三版.北京:北京大学出版社，2019.

［239］余潇枫.非传统安全与公共危机治理［M］.杭州：浙江大学出版社，2007.

［240］余潇枫.公共安全体系建构需树立"总体公共安全观"［J］.探索与争鸣，2014(08)：15-17.

［241］约翰·洛克.政府论两篇［M］.北京:中国政法大学出版社，2003.

［242］詹姆斯·S.科尔曼.社会理论的基础［M］.北京:社会科学文献出版社，2008.

［243］詹小美，王仕民.文化认同视域下的政治认同［J］.中国社会科学，2013(9)：27-39.

［244］张光，蒋璐.网络对大学生政治社会化影响实证研究［J］.广州大学学报:社会科学版，2006，5(6)：37-42.

［245］张晋宏，李景平，白东海.基于政治安全的网络舆情泛政治化治理研究［J］.电子政务，2019(8)：29-39.

［246］张康之.论社会治理从民主到合作的转型［J］.学习论坛，2016，32

（01）：42-50.

[247] 张康之.限制政府规模的理念[J].人文杂志，2001(3)：55-60.

[248] 张明新，刘伟.互联网的政治性使用与我国公众的政治信任——一项经验性研究[J].公共管理学报，2014，11(1).

[249] 张永谊.从熟人社会走向法治社会[J].领导科学，2013(18)：20-20.

[250] 赵金蕊.印象管理：提升顾客忠诚度的一种手段[J].商场现代化，2008(29)：45-46.

[251] 赵汀阳.天下秩序的未来性[J].探索与争鸣，2015(11)：7-21.

[252] 赵汀阳.以天下重新定义政治概念：问题、条件和方法[J].世界经济与政治，2015(06)：4-22＋156.

[253] 周林冲.浅议社会凝聚力[J].湘潭大学学报(哲学社会科学版)，1999(2).

[254] 朱国立.论新时期党的凝聚力[J].理论建设，2007(2).

[255] 庄海燕.国外公共安全数据分析状况及其对我国的启示[J].网络安全技术与应用，2018(8)：62-63.

[256] 邹艳辉.组织协作视角下的共青团凝聚力研究[J].中国青年研究，2019(6)：5-10，107.

[257] 左高山，涂亦嘉.政治忠诚的核心问题[J].伦理学研究，2018(5)：117-123.

[258] 左高山.政治忠诚与国家认同[J].马克思主义与现实，2010(002)：105-109.

索　引